Henrik Zaborowski

»Nehmt ein Boot!«

Das kleine Buch der großen Recruitingweisheiten

HENRIK ZABOROWSKI

»Nehmt ein Boot!«

Das kleine Buch der großen Recruitingweisheiten

RATGEBER

Impressum

Bibliografische Information der Deutschen Nationalbibliothek: Die Deutsche Nationalbibliothek verzeichnet diese Publikation in der Deutschen Nationalbibliografie; detaillierte bibliografische Daten sind im Internet über *dnb.dnb.de* abrufbar.

Die automatisierte Analyse des Werkes, um daraus Informationen insbesondere über Muster, Trends und Korrelationen gemäß §44b UrhG (»Text und Data Mining«) zu gewinnen, ist untersagt.

© 2024 Henrik Zaborowski I *hz@hzaborowski.de*
Hannenbusch 22a I 51467 Bergisch Gladbach

Design / Layout I Illustration: Juliane Scherz I *www.co-libris.de*
weitere Bildquelle: kromkrathog – *stock.adobe.com*

Verlag: BoD · Books on Demand GmbH, In de Tarpen 42, 22848 Norderstedt
Druck: Libri Plureos GmbH, Friedensallee 273, 22763 Hamburg

ISBN: 978-3-7597-8002-7

Inhalt

Vorwort

Als ich 1999 in meiner Diplomarbeit untersuchte, wie deutsche Unternehmen Mitarbeiter:innen suchen und auswählen, lautete meine ernüchternde Erkenntnis: *Das kann nicht funktionieren*. Inzwischen sind 25 Jahre vergangen, ich bin seit über 20 Jahren im Recruiting unterwegs, habe dort sehr viel gesehen und muss auch heute noch feststellen: Das Fazit meiner Diplomarbeit ist leider immer noch gültig.

Als Personalberater und Redner arbeite ich seit Jahren daran, den Zustand schlechten Recruitings deutscher Unternehmen zu ändern. Dieses Buch ist ein weiterer kleiner, aber wichtiger Baustein dafür, denn es richtet sich vor allem an Führungskräfte / Hiring Manager:innen. Personaler:innen dürfen es natürlich auch sehr gerne lesen. *Aber der Schlüssel zum Recruitingerfolg sind die Hiring Manager:innen. Darum müssen sie die Grundprinzipien guten Recruitings und guter Personalauswahl verinnerlichen.* Genau das möchte dieses Buch erreichen.

Und weil meine Diplomarbeit mit einer Geschichte über Lemminge begann, möchte ich diese Tradition fortsetzen. Und Dir als Leser:in Deinen *Buchbegleiter Lenni, den Lemming*, vorstellen.

Lemming? Genau. *Lemminge* – das sind diese kleinen, putzigen Nagetiere, die sich, einer Legende nach, auf der Suche nach der sagenumwobenen, versunkenen Stadt Atlantis, in regelmäßigen Abständen auf lange Wanderungen begeben. Auf ihrem Weg müssen sie viele Gefahren überwinden, wie bspw. schwindelerregend hohe Klippen, tosende Flüsse und schließlich das unendliche Meer. Als wenig begnadete Schwimmer, schaffen sie es zwar, sich eine Weile über Wasser zu halten, erliegen am Ende jedoch den Kräften des Wassers und ertrinken.

Der kleine Lemming Lenni war noch zu jung, um schon selbst eine Wanderung erlebt zu haben. Er hatte gehört, dass nur die wenigsten Lemminge dabei überleben und wunderte sich, dass niemand den Sinn und die Überlebensquote dieser gefährlichen Wanderungen hinterfragte. Aber Lenni war anders: Er wollte nicht blind ins Verderben laufen. Also begab er sich selbst auf kleine Wanderungen, um mögliche Gefahren zu erkunden. Dabei traf er andere Tiere, Experten auf ihrem Gebiet, unter ihnen Kamele, Eidechsen, Möwen und Seerobben. *Von ihnen lernte er die Bedeutung einer guten Reisevorbereitung und Ausrüstung, er lernte zu klettern, sich abzuseilen, sich immer auf den nächsten Schritt zu konzentrieren und ein Boot zu bedienen.* Als die nächste große Wanderung losging, war Lenni gewappnet. Und was soll ich sagen: Während die meisten seiner Sippe inzwischen nicht mehr sind, wurde Lenni zur Legende. In den Häfen der Welt erzählt man sich Geschichten von einem kleinen, unerschrockenen Lemming, der auf seinem Boot mit seiner Crew fantastische Abenteuer erlebt. Und ja, es hält sich das Gerücht, er hätte sogar Atlantis gefunden.

Dieser kleine Lemming war ich. Unerfahren, aber neugierig. Unwissend, aber wissbegierig. Den Status Quo immer hinterfragend. Und *Du kannst das auch sein.* Denn die Geschichte der Lemminge lässt sich sehr gut auf die Lebensrealität von Führungskräften übertragen. *Führungskräfte* – das sind diese engagierten und manchmal auch getriebenen Menschen, die sich – einer Legende nach – auf der Suche nach der optimalen Stellenbesetzung, in (un)regelmäßigen Abständen auf den beschwerlichen Weg der Mitarbeiterbeschaffung begeben. Dort treffen sie immer wieder auf zahlreiche Hindernisse, wie einen schwierigen Arbeitsmarkt, unwillige Bewerber:innen oder nicht ganz optimale Arbeitsbedingungen. Da sie in der Regel zwar in ihrem Fachgebiet gut sind, aber wenig Ahnung von Recruiting haben, halten sie eine ganze Weile durch und ...

Nein, hier endet die Analogie. Denn bevor die Führungskräfte ertrinken, retten sie sich auf eine der zahlreichen Inseln, die ihnen ihre Vorgänger:innen hinterlassen haben. Diese tragen Namen wie »Bauchgefühl«, »gute Noten«, »gradliniger Werdegang« oder auch »Talent erkenne ich in fünf Minuten.« *Und auch wenn diese Inseln sie zwar vor dem Ertrinken retten, hindern sie die Führungskräfte trotzdem daran, ihr eigentliches Ziel, die optimale Stellenbesetzung, zu erreichen.*

Bedauerlicherweise sind diese Inseln nämlich so komfortabel, dass die Führungskräfte glauben, sie wären schon am Ziel. Kurzfristig und bei gutem Wetter mag sich das so anfühlen. *Aber bei schwerer Arbeitsmarktsee, wenn die Flut des Fachkräftemangels steigt, die Wellen der Konkurrenz an den Inselrändern lecken und der Sturm der Bewerberansprüche über die Köpfe peitscht, sind die Führungskräfte den Elementen schutz- und hilflos ausgeliefert.* Die optimale Stellenbesetzung wird unmöglich, was auf die Laune der Führungskräfte drückt, ihr Selbstvertrauen angreift und sogar den Abteilungserfolg gefährdet. Doch anstatt die Inseln durch einen Sprung ins kalte Nass zu verlassen und weiter zu schwimmen, stellt sich eine allgemeine Frustration über die scheinbar schlechte Arbeit der Recruitingabteilung ein, was oft mit Schuldzuweisungen und / oder einer passiv-aggressiven Verteidigung der eigenen Ansichten einhergeht. Schlimmstenfalls endet dies mit der totalen Realitätsverweigerung. In diesem Stadium ist es allen Beteiligten kaum noch möglich, überhaupt eine Stelle zu besetzen.

> Wer möchtest Du sein? Eine Führungskraft auf einer kleinen Insel? Oder eine auf dem Meer der Möglichkeiten, ausgestatten mit allem, was Du für diese spannende Reise brauchst?

Du hältst mit diesem Buch einen kleinen Ratgeber für Deine Recruitingreise in der Hand. In diesem Buch verschmelzen über 20 Jahre operative (und erfolgreiche) Recruitingpraxis mit den wissenschaftlichen Kenntnissen der Eignungsdiagnostik zu einem leicht les- und umsetzbaren Ratgeber guter Personalauswahl und Stellenbesetzung. Hier finden sich die großen Wahrheiten, die für die meisten Stellenbesetzungen gültig und anwendbar sind.

Es ist ein kleines, aber kompaktes Buch, weil Führungskräfte ja so wenig Zeit für Weiterbildung haben. Dass es sich hierbei schon um einen Fehler im System handelt, steht auf einem anderen Blatt. Vieles ließe sich noch weiter ausführen, aber umfangreiche Literatur zu dem Thema, die nie von Führungskräften gelesen wird, gibt es schon genug. Dieses Buch soll anders sein.

Solltest Du beim Lesen also manchmal die Stirn runzeln, anderer Meinung sein oder etwas nicht glauben (wollen), liegt es an Dir: Vertraust Du mir oder nicht? Ich habe diese Weisheiten inzwischen in Rahmen von Vorträgen und Workshops mit mehreren hundert Führungskräften diskutiert. Niemand konnte sie bisher ernsthaft widerlegen, im Gegenteil. *Alle Weisheiten sind zigfach geprüft und für gut erklärt worden. Sie sind unbequem, aber richtig.* Um Dir den Sprung von der Insel noch etwas mehr zu erleichtern, findest Du immer wieder echte Geschichten aus der Praxis. Und falls Du Dich anschließend tiefer mit einem Thema beschäftigen möchtest, findest Du in den Fußnoten und am Ende des Buches Angaben zu weiterführenden Informationsquellen.

Allen Führungskräften, die diese Reise antreten möchten, gebe ich mit diesem Buch einen guten Rat:

» Nehmt ein Boot! «.

Bevor es losgeht

Leseanleitung

Du kannst dieses Buch von vorne nach hinten durchlesen, denn die Themen bauen aufeinander auf. Du kannst aber genauso gut zu einzelnen (Unter-)Kapiteln springen, jedes ist in sich schlüssig.

Für die bessere Lesbarkeit wechsle ich beim Gendern wahllos zwischen der weiblichen und männlichen Form. Immer sind alle geschlechtlichen Orientierungen mitgemeint.

Es gibt in diesem Buch vier Rollen, die mit verschiedenen Formulierungen erwähnt werden:

※ *Top-Management*
   Oberste Managementebene
   (Vorstand, Geschäftsführung)
※ *Hiring Manager:innen / Führungskräfte*
   alle Führungskräfte, die Führungsverantwortung haben und für ihr Team Mitarbeiter:innen suchen
※ *HR / Personalabteilung / Recruiter:innen*
   alle Personaler:innen, welche die Führungskräfte im Recruiting unterstützen
※ *Bewerber:innen / Kandidaten:innen*
   alle potenziellen zukünftigen Arbeitnehmer:innen, die sich im Bewerbungs-/auswahlprozess befinden

Danke

Bevor es richtig losgeht, noch ein paar wichtige Worte des Danks. Das größte Dankeschön geht an *meine Frau*, die seit über 20 Jahren die Aufs und Abs meiner Karriere begleitet, viele Lasten getragen und mich immer wieder ermutigt und unterstützt hat. Ohne sie, ihre positive Art und ihr Verständnis, wäre vieles nicht möglich gewesen und ich wäre nicht da, wo ich heute bin. Und ein großer Dank geht an *meine Eltern*, die mir Respekt vor allen Menschen vorgelebt haben, weil sie selber allen unabhängig von ihrem sozialen Status freundlich, menschlich und hilfsbereit begegnen.

Darüber hinaus gibt es einige berufliche Kontakte, die mich positiv geprägt und gerade auch im Thema Personalauswahl auf die richtige Spur gebracht haben. In chronologischer Reihenfolge ist da zuerst *Claus Freudenthal* als mein Chef während meiner Ausbildung. Er war das Paradebeispiel des hanseatischen Kaufmanns, bei dem das gesprochene Wort noch zählt. Sein Verhalten prägt mich bis heute. Bei *Prof. Dr. Wilhelm Friedmann* lernte ich während des Studiums vor allem, klar und auf den Punkt zu kommunizieren und im Umgang mit schwierigen Situationen und Menschen immer durch das Aufzeigen von Optionen Lösungen zu finden. Ohne ihn als meinen Betreuer wäre meine Diplomarbeit nicht so gut geworden. Ein Dankeschön geht auch an meinen Teamleiter bei der access AG,

Arne tom Wörden. Ohne sein Vertrauen in mich, seine lange Führungsleine und seinen partnerschaftlichen Umgang in Konfliktsituationen wäre ich vermutlich nicht so lange im Unternehmen geblieben.

Den Start meiner Rednerlaufbahn verdanke ich vor allem *Prof. Dr. Peter M. Wald* von der HTWK Leipzig und der Organisatorin des Sourcing Summits Deutschland, *Barbara Braehmer*. Beide gaben mir eine (große) Bühne, als ich noch keine Erfahrung als Redner vorweisen konnte.

Last but not least geht mein Dank an *Dr. Rüdiger Hossiep*, der sich als Wissenschaftler und Eignungsdiagnostik-Experte nicht zu schade war, mir als jungen, ahnungslosen Personalberater seine Zeit zu widmen und drängende Fragen der Personalauswahl zu beantworten. Unvergesslich auch die legendäre Podcast Aufnahme beim Abendessen mit ihm und Oliver Mühlhaus im Rahmen einer Schulung. Vertiefen konnte ich meine Kenntnisse zuletzt bei und durch den weiteren Eignungsdiagnostik-Profi und Praktiker *Harald Ackerschott*.

Und dann sind da *viele Kontakte aus der HR Bubble*, die mir mit ihrem Feedback, Tipps, Weiterempfehlungen und Vernetzungsmöglichkeiten meinen beruflichen Werdegang begleitet und unterstützt haben. Aus dieser großen Bubble möchte ich den Recruitingexperten *Michael Witt* herausheben, der mir nicht nur durch seine Empfehlung den Kontakt zu einem meiner größten und langjährigsten Kunden machte (und damit die Entwicklung meiner Selbstständigkeit nachhaltig beeinflusste), sondern zusammen mit Tobias Meinhold mit dem Recruiter Slam ein Format schuf, das uns Recruiter:innen die Möglichkeit gibt, Recruitingwissen auf unterhaltsame Art in die Welt zu tragen. ... Und jetzt geht es los!

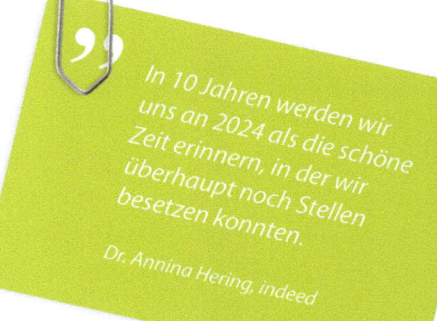

Wahrheiten über den Arbeitsmarkt

Sehen wir der Wahrheit ins Auge: Niemand weiß, was die Zukunft wirklich bringt. Denn unsere Entscheidungen, unser Verhalten oder besondere Ereignisse in der Gegenwart beeinflussen die Zukunft. Glauben wir also nicht alles blind, was die Zukunftsforscher:innen sagen. Es könnte auch alles anders sein.

Wir sollten uns auch von der Gegenwart nicht täuschen lassen, zeigt sie uns doch immer nur einen kurzen Ausschnitt dessen, was alles möglich ist. Im Jahr 2022 ertrank der Arbeitsmarkt in Jobangeboten. Unternehmen verzweifelten beim Versuch, offene Positionen zu besetzen. Die Gehälter schossen in die Höhe, Arbeitnehmer:innen diktierten ihre Forderungen. Zwei Jahre später war das Bild ein anderes. Die Wirtschaft schwächelte, Unternehmen meldeten Kurzarbeit an, Massenentlassungen und Abfindungsangebote hatten Hochkonjunktur. Da kann man sich schon die Frage stellen, was jetzt eigentlich stimmt – haben wir es nun mit einem Fachkräftemangel oder -überschuss zu tun? Wenn wir uns von der kurzfristigen Gegenwart lösen, wird das Bild etwas klarer. Denn es gibt Faktoren, die unsere mittelfristige Zukunft definitiv beeinflussen, weil sie nur über einen längeren Zeitraum veränderbar sind. Das ist wie Wetter und Klima. Das Klima verändert sich langfristig, das Wetter wechselt stetig. *Ein entscheidender Faktor für den Arbeitsmarkt ist der demografische Wandel, welcher fast genauso verläuft wie in den 1970er Jahren prognostiziert.*[1] Wie die Entwicklung des Klimas, aber das ist ein anderes Thema.

Geburtenrate vs. Sterbequote

Seit Beginn der 1970er Jahre sterben in Deutschland mehr Menschen als geboren werden[2]. Die Geburtenrate pro Frau sank lange Zeit, konnte sich seit 2018 aber stabilisieren, woran in der Regel auch eher die jüngeren Zuwander:innen ihren Anteil haben[3]. Möglich ist, dass die Geburtenrate wieder deutlich ansteigt.

---

1   Mehr Informationen zur Bevölkerungsentwicklung gibt es beim Statistischen Bundesamt, *https://www.destatis.de/DE/Themen/Querschnitt/Demografischer-Wandel/_inhalt.html#353406*

2   *https://www.destatis.de/DE/Themen/Querschnitt/Demografischer-Wandel/text-baustein-taser-blau-bevoelkerungszahl.html?nn=238640*

3   *https://www.destatis.de/DE/Methoden/WISTA-Wirtschaft-und-Statistik/2018/03/aktueller-geburtenanstieg-032018.pdf?__blob=publicationFile*

Voraussetzung ist aber, dass sich die Rahmenbedingungen dafür verbessern, was i. d. R. nicht über Nacht geschieht. ***Deshalb ist es sehr wahrscheinlich, dass sich die Negativbilanz der Zahl der Erwerbstätigen nicht so schnell ins Positive drehen wird.*** Das Statistische Bundesamt geht davon aus, dass die Anzahl der Erwerbstätigen im Alter von 20 – 66 Jahren selbst im positivsten Szenario bis Mitte der 2030-er Jahre um 1,6 Millionen abnimmt.[4]

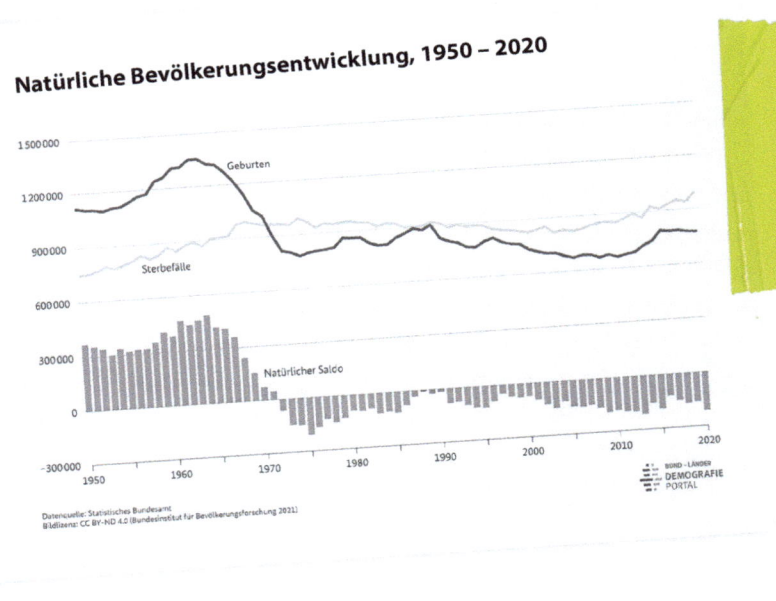

Natürliche Bevölkerungsentwicklung, 1950 – 2020

Datenquelle: Statistisches Bundesamt
Bildlizenz: CC BY-ND 4.0 (Bundesinstitut für Bevölkerungsforschung 2021)

---

4   *https://www.destatis.de/DE/Im-Fokus/Fachkraefte/Demografie/_inhalt.html*

Babyboomer & Rente

Ein weiteres Merkmal des demografischen Wandels ist das Ausscheiden bisheriger Berufstätiger aus dem Arbeitsleben. So werden laut einer Umfrage vom Handelsblatt bei DAX-Konzernen bis 2032 ca. 13 Millionen Arbeitnehmer:innen, die sogenannten Babyboomer, in Rente gehen.[5] Diese Zahl lässt sich sicherlich auch auf den gehobenen Mittelstand übertragen. Das würde bedeuten, dass im Durchschnitt in jedem größeren Unternehmen 20 % der Arbeitnehmer:innen in den nächsten 10 Jahren in Rente gehen.

---

5 *https://www.handelsblatt.com/unternehmen/management/fachkraeftemangel-bei-deutschlands-konzernen-schnappt-die-rentenfalle-zu/100009474.html*

prozentualer Anteil der Beschäftigten in deutschen Unternehmen, die in den kommenden zehn Jahren in Rente gehen

	31 bis 35 %
Covestro	29 %
BASF	27 %
Boehringer Ingelheim	23 %
Freudenberg	23 %
BMW	22 %
Siemens Energy	21 %
Eon	20 %
Symrise	20 %
Bosch	20 %
Siemens Healthineers	**20 %**
Durchschnitt	19 %
Brenntag	18 %
Phoenix-Gruppe	18 %
Vonovia	17 %
Infineon	15 %
MTU	14 %
Rossmann	13 %
Deutsche Börse	12 %
Hannover Rück	11 %
dm	10 %
Commerzbank	

https://www.handelsblatt.com/unternehmen/management/fachkraefteman-gel-bei-deutschlands-konzernen-schnappt-die-rentenfalle-zu/100009474.html

Auch diese Zahlen sind Fakten, die sich allenfalls durch Maßnahmen wie ein höheres Renteneinstiegsalter oder eine Weiterbeschäftigung der Rentner:innen beeinflussen lassen. In 2024 unterbreiten jedoch große Unternehmen aufgrund von Sparmaßnahmen mehr Angebote bzgl. Vorruhestand. Da auch die Politik wenig Anstalten macht, Gegenmaßnahmen zu ergreifen, bspw. durch eine deutliche Erhöhung des Renteneintrittsalters, ist ein höheres Renteneintrittsalter noch unwahrscheinlich. Wobei eine kleine XING Diversity-Studie 2024 darauf hinweist, dass Rentner:innen sich das Arbeiten in der Rente durchaus vorstellen können.[6]

Arbeiten über das offizielle Renteneintrittsalter hinaus

53 %
wollen und können
weiterarbeiten

62 %
fühlen sich dazu
theoretisch in der Lage

Quelle: Für die XING Diversity-Studie 2024 befragte Appinio im März 2024 insgesamt 1.000 Personen ab 50 Jahren (Durchschnittsalter: 65,2 Jahre) in Deutschland im Rahmen einer repräsentativen Online-Umfrage.

---

6   https://new-work.se/de/newsroom/pressemitteilungen/2024-xing-diversity-studie-das-ungenutzte-potenzial-am-arbeitsmarkt

Die gewünschten Arbeitszeiten sind dann allerdings deutlich reduziert.

Es gibt also zumindest Hoffnung, dass doch ein paar Rentner:innen ihren Arbeitgebern im reduzierten Umfang erhalten bleiben. Aber wird das reichen?

Favorisierte Wochenarbeitszeit nach der Rente

25 % 6 bis 10 Stunden

34 % 11 bis 20 Stunden

17 % 21 bis 30 Stunden

12 % Vollzeit

Quelle: Für die XING Diversity-Studie 2024 befragte Appinio im März 2024 insgesamt 1.000 Personen ab 50 Jahren (Durchschnittsalter: 65,2 Jahre) in Deutschland im Rahmen einer repräsentativen Online-Umfrage.

KI & Automatisierung

Es ist möglich, dass durch Automatisierung und KI viele Jobs hinfällig und in Zukunft immer weniger Arbeitskräfte benötigt werden. Dieses Szenario zeigt sich schon seit Jahren in der Produktion, z. B. in der Automobilindustrie. Aber gerade auch in der Verwaltung könnten viele Prozesse durch Robotic Process Automation (RPA) oder eine stärkere Nutzung von Softwarelösungen verschlankt bzw. effektiver gestaltet werden.

Andererseits zeigt die jüngere Vergangenheit aber auch, dass mehr Digitalisierung nie zu massiven Jobverlusten geführt hat, sondern ein Jobmotor war – alte Jobs verschwinden, neue entstehen. Hier stellt sich die Frage, wie anspruchsvoll die neuen Jobs sind. *Können sie nur von top ausgebildeten, hoch intelligenten Menschen ausgeführt werden oder werden es Jobs für die Masse sein?* Darüber hinaus gibt es viele sogenannte körpernahe Dienstleistungen, bspw. in der Pflege. Wird Technik ein adäquater und gewünschter Ersatz für den Menschen sein oder kann Technik nur die echten Menschen bei ihrer Arbeit entlasten? Aktuell ist es so, dass die KI Menschen bei der Arbeit durch die Bewältigung spezifischer Aufgaben unterstützt (sogenannte »schwache KI«) und starke KI, die das Potenzial hätte, allumfassend menschliche Tätigkeiten zu übernehmen, lediglich ein theoretisches Konzept ist. *Wird es auf eine totale Arbeitslosigkeit oder einen totalen Fachkräftemangel hinauslaufen?* Der niedrige

Digitalisierungsgrad in Deutschland und die Nichtexistenz starker KI, die aufgrund ihres vielseitigen, menschenähnlichen Intellektes, eine breite Palette von Aufgaben erledigen könnte, deutet aktuell eher darauf hin, dass Deutschland noch länger braucht, um mit Hilfe von Technologie menschliche Arbeitskraft zu ersetzen. Für die nächsten 10 – 20 Jahre dürfte m. E. eher mit einem Fachkräftemangel zu rechnen sein. Der Zukunftsforscher Sven Gábor Jánszky geht zumindest in seinem Buch »Das Recruiting-Dilemma« fest davon aus. Der Philosoph Richard David Precht sieht die Zukunft der Arbeit in seinem Buch »Jäger, Hirten, Kritiker« dagegen etwas uneindeutiger.

Migration

Sollte uns die Automatisierung nicht ausreichend weiterhelfen, bleibt nur die Migration als Ausweg. Aber
auch das ist und bleibt nicht trivial. Zuwanderung
muss politisch gewollt sein und erleichtert werden.
Beim aktuellen Rechtsruck in Europa / Deutschland
ist eher das Gegenteil der Fall. Darüber hinaus muss
die Migration auch gelingen, was gute Konzepte und
vor allem Investitionen und Einsatz vom Staat sowie
Unternehmen, Bürger:innen und Migrant:innen er-
fordert. Zudem muss berücksichtigt werden, dass viele
Zuwanderer irgendwann wieder in ihre Heimat zurück
möchten und viele Länder ihre Bürger:innen selber
brauchen und die Rahmenbedingungen verbessern,
um sie zum Bleiben / zur Rückkehr zu bewegen. Und
da auch andere EU-Länder demografische Probleme
haben, werden sie nicht ewig der Zulieferer Deutsch-
lands von willigen Arbeitskräften sein.[7]

---

7   https://www.destatis.de/DE/Themen/Gesellschaft-Umwelt/
    Bevoelkerung/Wanderungen/_inhalt.html

Fazit

Machen wir es kurz: Wir laufen als Arbeitgeber und Gesellschaft auf ein echtes Problem zu. Weil Personal fehlt, ist zukünftig mit Einschränkungen vieler Dienstleistungen zu rechnen, die für uns selbstverständlich und für das Funktionieren einer Gesellschaft lebensnotwendig sind.

Aber vielleicht vernichtet die nächste Pandemie einen Großteil der Bevölkerungen, der dritte Weltkrieg bricht aus oder die KI übernimmt die Weltherrschaft. Dann haben wir es mit ganz anderen Problemen zu tun. Das alles wissen wir nicht. Aber wenn es halbwegs so weiterläuft wie bisher, werden wir in Zukunft einen echten Personalmangel haben.

Wir reden im Recruiting nicht mehr über Recruiting

Mit diesem Szenario vor Augen wird klar: Es geht im Recruiting nicht mehr ums Recruiting. Ja, Recruiting muss professionalisiert werden. Dies ist in vielen Unternehmen noch nicht der Fall. Aber am Ende rettet auch das perfekte Recruiting nicht mehr. Mit einer besseren Stellenanzeige, dem nächsten Personalvermittler oder einer tollen Social-Media-Kampagne löst zukünftig kein Arbeitgeber sein Recruitingproblem. *Gutes Recruiting ist keine Kür, sondern eine Pflicht.* Es ist das Minimum, das Unternehmen erreichen müssen, aber nicht die Rettung.

Der Erfolg des Recruitings liegt in der Top-Management-Entscheidung, welchen Stellenwert Mitarbeiter:innen zukünftig wirklich bekommen. Wir müssen Arbeitsbedingungen und Unternehmenskultur so gestalten, dass sich (zukünftige) Mitarbeiter:innen im Unternehmen wohl fühlen, also nach den Vorstellungen der Mitarbeiter:innen, nicht der Führungskräfte. Und das wird tatsächlich ein Game Changer in den Führungsetagen der deutschen Wirtschaft.

Wir müssen über Top-
Management-Entscheidungen
zu Arbeitsbedingungen,
Gehältern, Personalentwick-
lung sowie Führung sprechen!

Was wollt ihr denn?

Glücklicherweise ist dank zahlreicher und regelmäßiger Umfragen unter Bewerber:innen und Mitarbeiter:innen relativ klar, was Menschen von ihrem Job und ihrem Arbeitgeber erwarten. Und das ist eigentlich ziemlich einfach, wie diese kleine Grafik zeigt.[8]

Gründe für den Jobwechsel

73% Gehalt

64% flexible Arbeitszeiten

65% attraktiver Standort

62% sicherer Job

62% gute Führung

Quelle: Forsa-Studie 2024 im Auftrag von XING, Deutschland n = 3.200 erwerbstätige personen über 18 Jahre

---

8   *https://www.new-work.se/de/newsroom/pressemitteilungen/2024_xing_wechselbereitschaftsstudie*

Die Reihenfolge mag sich über die Jahre ändern und ab und zu kommt ein anderer Aspekt dazu, aber letztlich kann folgendes Fazit gezogen werden: *Arbeitnehmer:innen möchten einen (verhältnismäßig) gut bezahlten und halbwegs sicheren Job mit Rahmenbedingungen, die ihnen ein Privatleben ermöglichen (flexible Arbeitszeiten, remote Arbeitsmöglichkeit, Standort in Wohnortnähe) und in einer Unternehmenskultur, in welcher der Mensch auch Mensch sein darf.*

Unspektakulär? Absolut! Alles keine Zauberei. Das sollte eigentlich jedes Unternehmen hinbekommen. Praktiker:innen wissen aber auch, dass dies bei vielen Unternehmen nicht der Fall ist. Weil es auch anders ging. In der Vergangenheit konnten selbst Unternehmen mit einer hohen Fluktuation und einem mittelmäßigen bis schlechten Ruf als Arbeitgeber ihre offenen Positionen besetzen, weil es tendenziell immer mehr Arbeitnehmer:innen gab als Jobs. Und die *Generation der Babyboomer* hatte verinnerlicht, dass Durchbeißen wichtiger ist als Aufgeben und häufige Jobwechsel ungern gesehen werden und die Chancen auf dem Arbeitsmarkt schmälern. *Also haben sie durchgehalten, auch wenn das Arbeitsumfeld eine Katastrophe war.*

Das alles ist heute (fast) nicht mehr der Fall. *Wer heute unglücklich im Job ist, wechselt einfach.* Schließlich gibt es genügend Alternativen. Selbst wer heutzutage alle zwei Jahre den Arbeitgeber wechselt, bekommt (bei Eignung) trotzdem eine Einladung zum Vorstellungsgespräch. Um es kurz zu machen:

> **Niemand bleibt heute freiwillig über längere Zeit unglücklich im Job.**

Für Unternehmen bedeutet das, sie müssen als Arbeitgeber besser werden. Kostet das Geld? Im Zweifel ja. Ist es aufwendig? Im Zweifel ja! Hat das Konsequenzen für das Verhalten der Führungskräfte und des Top-Managements? Definitiv! Aber es geht nicht mehr anders. Die Konkurrenz der Unternehmen um Arbeitskräfte ist hoch und wird hoch bleiben – unabhängig von kurzfristigen Dellen bei den Jobangeboten wie in 2024.

Das Top-Management als Schlüssel zum Erfolg

Die Arbeitsbedingungen werden, zumindest in Form von Rahmenbedingungen, immer vom Top-Management getroffen. Wie diese Rahmenbedingungen interpretiert und am Ende gelebt werden, hängt vom hierarchisch nachfolgenden Mittel-Management und davon ab, welche Konsequenzen eine Nichteinhaltung hat. Ob Kontrollmechanismen und Sanktionsmöglichkeiten aber tatsächlich existieren und Anwendung finden, ist wiederum abhängig vom Top-Management. Wie man es also dreht oder wendet:

> **Gute Arbeitsbedingungen sind eines der wichtigsten Themen des Top- Managements.**

Denn hier werden die Rahmenbedingungen geschaffen, die einen Arbeitgeber attraktiv machen oder nicht. Ist das neu? Nein, das war schon immer so. Aber in der Vergangenheit war es dem Top-Management egal, wie gut die Rahmenbedingungen waren. Es fanden sich immer noch genügend Bewerber:innen. Vielleicht war es für manche Hiring Manager:innen schwieriger, ihre Stellen zu besetzen und die beste Bewerberin einstellen, weil die Bedingungen nicht attraktiv genug waren. Aber am Ende fand sich immer irgendjemand. Das wird in Zukunft anders sein. Heute hat eine Führungskraft ein Problem, wenn das Top-Management »drei Tage vor Ort« vorgibt, aber keine Spezialist:innen in der Region drei Tage pro Woche pendeln will. Die Suppe auslöffeln muss die Führungskraft, die weder den Markt noch die internen Bestimmungen beeinflussen kann. Darum muss das Top-Management die Rahmenbedingungen ändern.

Aber alle Verantwortung aufs Top-Management zu schieben ist zu billig. Viele Hiring Manager:innen sind selbst das Problem und stehen einer Lösung im Weg.

> **Wer heute noch auf Mr. / Mrs. Perfect wartet, ist Teil des Problems.**

Wer keine Ahnung von guter Personalauswahl hat, wird wiederholt passenden Bewerber:innen absagen. Wer nicht fähig oder gewillt ist, Menschen, die den Job noch nicht auf gewünschtem Niveau ausführen können, einzustellen und zu entwickeln, wird selten jemanden einstellen können. Wer sich selbst nicht führen kann, kann auch die eigenen Mitarbeiter:innen nicht führen und braucht sich über eine hohe Fluktuation nicht zu beschweren.

Fazit

Gute Führung wird in Zukunft der Schlüssel für ein erfolgreiches Recruiting. Die Gründe sind:

☸ Führung schafft die Rahmenbedingungen, die Jobs (un)attraktiv machen

☸ Führung muss Mitarbeiter:innen entwickeln, die den Job zum Zeitpunkt ihrer Einstellung noch nicht 100 % können

☸ Nur gute Führung dafür sorgt, dass Mitarbeiter:innen im Unternehmen bleiben

Legenden und Mythen der Personalauswahl

In der Personalauswahl begegnen uns viele »Wahrheiten«, die wissenschaftlich schon längst widerlegt wurden. Dennoch halten sie sich weiter als lieb gewonnene Mythen und Legenden und werden am runden Bewerbungstisch von den alten Personaler:innen und Hiring Manager:innen an die nächsten Generationen weitergegeben.

Dabei haben wir alle jederzeit Zugang zu einer umfangreichen Bibliothek mit wissenschaftlich fundierten Informationen zur Personalauswahl. Hier können wir beispielsweise alles über unbewusste Vorurteile (unconscious bias) erfahren oder uns mit effektiven Fragetechniken beschäftigen. ***Doch die Praxis zeigt, dass nur wenige von uns Gebrauch davon machen, weil die meisten Praktiker:innen tatsächlich immer noch glauben, sie wüssten, wie es geht.*** Da dies aber leider i. d. R. nicht der Fall ist, kommen jetzt die wichtigsten Weisheiten guter Personalauswahl.

Lebensläufe sind miese Verräter

> Was lässt sich sicher aus einem CV herauslesen? (Fast) nichts! Alles ist Interpretation.

Lebensläufe / CVs sind in Deutschland immer noch das erste und wichtigste Medium in der Personalauswahl. Das ist völlig ok. Nur werden sie komplett überbewertet. Hier lebt noch der Glaube, Geschriebenes so lesen und verstehen zu können, wie es gemeint ist. Dies ist aber i. d. R. nicht der Fall, wie wir aus der Kommunikationsforschung und der Praxis wissen, denn wir haben es hier mit mehreren Unsicherheiten zu tun:

Wir verleihen einem bestimmten Wort eine Bedeutung, die es aber nicht haben muss. Wenn wir z. B. »Vertrieb« oder »Recruiting« lesen, verbinden wir damit sofort das, was wir unter »Vertrieb« oder »Recruiting« verstehen. Es kann auch gut sein, dass unsere Vorstellung mit der des Schreibers identisch ist. Genauso gut kann aber auch das Gegenteil der Fall sein. Was genau meint der Schreiber mit diesem Wort? Welche Tätigkeiten verbergen sich tatsächlich dahinter? Wir können es nicht sicher wissen.

Wir wissen nichts über die Qualität der beruflichen Leistung. Die Tatsache, dass jemand seit vielen Jahren

im Vertrieb oder Recruiting beschäftigt ist, gibt keine Auskunft darüber, wie gut er das macht. Natürlich denken wir intuitiv, dass jemand, der den Job schon seit vielen Jahren macht, auch gut darin sein muss. Sonst hätte man ihm irgendwann gekündigt. Aber wir wissen ja nichts über das Arbeitsumfeld der Person. Vielleicht ist niemand da, der die Qualität der Arbeit beurteilen kann? Vielleicht interessiert die Qualität der Arbeit auch niemanden? Vielleicht ist das Niveau der Kolleg:innen dort so niedrig, dass er auch mit einer mittelmäßigen Leistung zu den Guten gehört?

Was ist mit glaubhaft berichteten Erfolgen wie z. B. »150 % Umsatzerfüllung« oder »100 Einstellungen im Jahr«? Das sind doch valide Zahlen, oder? Nein, sind sie nicht. Denn wir kennen die Umstände nicht. Haben alle Vertriebler:innen 150 % Umsatz erreicht oder vielleicht sogar mehr? Und warum? War der Markt so positiv? Oder ist unsere Bewerberin die Einzige mit 150 % und die anderen haben nur 100 % oder weniger erreicht?

Wie wurden die 100 Einstellungen erreicht – durch Stellenanzeigen, Personalberatungen oder durch eigene Active Soucing Aktivitäten? Wie bekannt / beliebt war der Arbeitgeber? Wie war der Arbeitsmarkt zu der Zeit der 100 Einstellungen? Und welche Rolle spielte die Recruiterin selbst ganz konkret bei den 100 Einstellungen? Wir wissen es (noch) nicht.

Wir wissen nicht, was nicht geschrieben wurde. Wir lesen zwar, was im Lebenslauf steht, wissen aber nicht, was da nicht steht und warum es da nicht steht. Hat der Bewerber bspw. eine Qualifikation oder Erfahrung nicht angegeben, weil er diese nicht hat, er vergaß sie aufzuführen oder sie für irrelevant hielt? Obwohl wir es nicht wissen, schlussfolgern wir meistens, dem Bewerber fehle diese nicht angegebene Qualifikation.

Wir wissen nicht, wie viel Ahnung der Schreiber vom Lebenslaufschreiben hat. Wir sollten nicht vergessen, dass sich die meisten Menschen nur unregelmäßig bewerben. Sie haben im Zweifel keine Ahnung, was einen guten Lebenslauf / eine gute Bewerbung ausmacht. Wir sollten auch nicht erwarten, dass sie sich vorher dieses Wissen aneignen. Zum einen, weil im Internet ganz viele schlechte Bewerbungstipps kursieren, zum anderen, weil das Schreiben einer perfekten Bewerbung keine Anforderung an unseren zu besetzenden Job ist, es sei denn, der zu besetzende Job ist der eines Bewerbungscoaches. Nicht zuletzt haben viele Arbeitnehmer:innen es gar nicht nötig, eine »perfekte Bewerbung« zu schreiben, da sie von anderen Arbeitgebern auch mit einem schlecht geschriebenen Lebenslauf zum Interview eingeladen werden. *Die Qualität einer Bewerbung sagt nichts über die Eignung für den Job.*

Bewertet wird oft nicht die Passung für einen Job, sondern die Fähigkeit, sich zu bewerben. Wir suchen aber keinen Bewerbungsprofi, oder?

Anschreiben & Arbeitszeugnisse
sind auch miese Verräter

Anschreiben haben keine valide Aussagekraft für die Personalauswahl, so die wissenschaftliche Erkenntnis.[9] Die meisten Anschreiben wurden in der Vergangenheit von befreundeten Personaler:innen verfasst und inzwischen standardmäßig von einer KI. Viele Führungskräfte nutzen Anschreiben (und Lebenslauf) aber nicht nur, um vermeintliche Tatsachen herauszulesen, sondern nutzen auch Kriterien wie

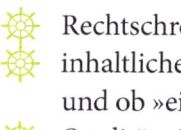 Rechtschreibfehler,
inhaltliche Qualität des Anschreibens und ob »ein Funke überspringt«,
Qualität eines Bewerbungsfotos sowie
 Struktur, Schriftbild und Design des Lebenslaufs

für ihre Personalauswahl. Tatsächlich taugen diese rein gar nichts für die Personalvorauswahl. Die Gründe finden sich u. a. im Youtube-Kanal von Prof. Dr. Uwe Peter Kanning[10], einem der profiliertesten deutschen Eignungsdiagnostiker. Sie ergeben sich aber auch automatisch, wenn wir uns mit guten Personalauswahlkriterien beschäftigen.

---

9 *https://www.youtube.com/watch?v=0yoq4aa07N4*

10 *https://www.youtube.com/c/UwePeterKanning*

Auch die Aussagekraft von Arbeitszeugnissen ist rapide gesunken. Es gibt heute keine Arbeitszeugnisse mehr, die ehemaligen Mitarbeiter:innen schlechte Leistungen bescheinigen, weil diese dagegen klagen könnten. Weder Zeugnisse noch Anschreiben sind aussagekräftig und folglich für eine erste Beurteilung unnötig.

Der Praktikant mit dem miesen Anschreiben

>> In meiner Rolle als Inhouse Recruiter bei einer IT- und Managementberatung lernte ich bei einer Hochschulveranstaltung einen Studenten kennen, der ein Praktikum bei uns machen wollte. Tatsächlich suchte einer der Partner auch gerade jemanden für seinen Bereich und ich empfahl den jungen Mann als »perfect match«, zusammen mit noch drei weiteren Kandidat:innen. Die anderen hatten ihrer Bewerbung ein Anschreiben hinzugefügt, »mein« Student allerdings nicht. Der Partner bat mich, das Anschreiben nachzufordern. Ich meinte, das wäre nicht nötig, er würde perfekt passen. Aber der Partner bestand darauf, der Student schrieb mir eins und als ich es las, dachte ich nur »ok, das wird nichts«. Und so war es dann auch. Alle anderen wurden zum Interview inkl. Fallstudie eingeladen, er aber nicht.

Drei Wochen später waren die Gespräche mit den anderen Bewerber:innen erfolglos verlaufen. Keiner hatte überzeugt. Ich brachte noch einmal »meinen« Studenten ins Spiel und er wurde dann auch mangels Alternativen eingeladen. Er absolvierte das Gespräch und den Case mit Bravour, bekam sofort ein Vertragsangebot und war später im Praktikum so gut, dass ihm ein Job in Festanstellung angeboten wurde. Er konnte offensichtlich vieles sehr gut, aber das Formulieren von Anschreiben gehörte nicht dazu.

An eines sollten wir immer denken: *Alles, was wir aus etwas herauszulesen (und auch herauszuhören) meinen, ist nichts mehr als die eigene Interpretation, die weit entfernt von den Fakten liegen kann.* Das gilt vor allem für die nun *folgenden und bedeutungsschwereren Auswahlkriterien*, die auf den ersten Blick elementarer erscheinen, als sie es wirklich sind.

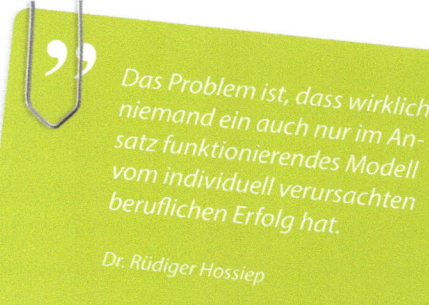

Das Problem ist, dass wirklich niemand ein auch nur im Ansatz funktionierendes Modell vom individuell verursachten beruflichen Erfolg hat.

Dr. Rüdiger Hossiep

(Miss-)Erfolg

Einer der größten Fehler ist es, jemanden anhand seines vergangenen Erfolges / seines Scheiterns zu beurteilen. Dieser Fehler wird aber ständig und voller Überzeugung gemacht. Wir haben in Deutschland ein recht einheitliches Bild von Erfolg, ohne uns als Gesellschaft groß darüber Gedanken zu machen. Gymnasium ist besser als Realschule und diese wiederum besser als Haupt- oder Gesamtschule. Die Zensur Eins ist besser als eine Vier – auch klar. Früher war das Studium an einer Universität höher angesehen als an einer Berufsakademie, weil letzteres zu praktisch / nicht wissenschaftlich genug ausgerichtet ist. Heute verwischen die Meinungen, weil manche Arbeitgeber den Praxisbezug an Hochschule und Berufsakademie bevorzugen.

Wer eine Klasse überspringt, seine Ausbildung verkürzt oder in Regelstudienzeit studiert, ist natürlich besser als die »Normalen« oder diejenigen, die eine Extrarunde drehen müssen. Jemand, der z. B. bei einem namhaften Automobilhersteller, einer der Big 4 Wirtschaftsprüfungsgesellschaften, einer renommierten Bank oder Strategieberatung oder sonst einem Global

Player den Berufseinstieg findet, ist in unseren Augen erst einmal erfolgreich. Schließlich stellen solche Unternehmen nicht jeden ein. Wer hingegen seine Ausbildung bei der kleinen Lieschen Müller GmbH in Pusemuckel mit 20 Mitarbeiter:innen macht ... naja, der hat wohl nichts Besseres bekommen oder keine Ambitionen.

Und alle wollen natürlich möglichst nur die Besten / Erfolgreichsten einstellen. Diese Überlegungen mögen alle richtig sein und mit Sicherheit hat jemand, die eine Klasse überspringt, irgendetwas, was andere nicht haben – möglicherweise mehr Fleiß oder Intelligenz. Die meisten Schlussfolgerungen werden jedoch vorschnell getroffen. *So ist Erfolg* – gemäß des renommierten Wirtschaftspsychologen und Eignungsdiagnostikers Dr. Rüdiger Hossiep, *ebenso wie Misserfolg, nie individuell.*

Viele Führungskräfte unterliegen dem Fehlglauben, dass jemand, der bisher erfolgreich war (wie auch immer dieser Erfolg definiert ist), auch zukünftig erfolgreich sein wird. Natürlich kann das der Fall sein, muss es aber nicht, *da die Laufbahn eines Menschen auch von seinem Umfeld abhängig ist.* Wer 1997 mit dem Studium fertig war, konnte sich die Jobs aussuchen und relativ schnell Karriere machen. Denn die Unternehmen suchten bis Ende 2000 wie verrückt Mitarbeiter:innen und stellten im Grunde jeden ein, der sich nicht weigerte. Im Jahr 2001 sah der Markt schon komplett anders aus: Egal wie gut jemand war, der Berufseinstieg war ungleich schwieriger als 1997, weil es deutlich weniger Jobs gab.

Wie entwickeln sich Karrieren dann weiter? Nur durch (gute) Leistung? Nein – durch Chancen, die Mitarbeiter:innen gegeben werden, durch Führungskräfte, die ihre Mitarbeiter:innen fördern und last-but-not-least auch durch Glück.

Zwei gleich gut qualifizierte Absolvent:innen beginnen in einer Managementberatung. Die eine kommt auf ein kurzes Strategieprojekt mit hoher Managementattention, weil sie schon mal ein Praktikum in der Branche des Kunden absolviert hat. Der andere landet in einem zwei Jahre laufenden Testmanagementprojekt. Wer hat die größeren

Chancen auf das nächste spannende Projekt und darauf, vom Top Management positiv wahrgenommen zu werden? Die Absolventin mit dem Strategieprojekt zum Start.

Ein Kunde steht kurz vor Vertragsabschluss, der dem Lieferanten einen hohen Umsatz für die nächsten Monate erbrächte. Plötzlich bricht jedoch der Markt des Kunden ein, weshalb er den Vertrag mit dem Lieferanten nicht abschließt. Der Lieferant hat nichts falsch gemacht, sondern lediglich Pech gehabt. Wem das zu einfach ist: *Ja, wir alle müssen etwas für unseren Erfolg tun, indem wir Leistung bringen. Fest steht aber, dass auch Genies wie Steve Jobs, Bill Gates oder Elon Musk* immer von positiven Umständen, die sie für sich nutzten, profitiert haben.

Und dann kommt noch ein ganz wichtiger, allseits bekannter Einfluss hinzu: *Vitamin B.* Gerade in den Führungsetagen großer Unternehmen ist es kein Geheimnis, dass nicht immer diejenigen mit der besten Leistung befördert werden, sondern gerne auch die, deren Beförderung einen strategischen oder politischen Nutzen verspricht, oder die das gleiche Hobby, den gleichen Vornamen, die gleiche Uni besucht haben wie die Führungskraft. Und diese Prinzipien können wir auf das ganz alltägliche banale Leben eines jeden Menschen anwenden. Ob in der Schule, im Verein, beim Hobby, im Studium, in der Ausbildung oder auf der Arbeit – *überall treffen wir auf Menschen, die uns entweder voranbringen, weil sie uns Chancen geben, ermutigen, fördern und fordern oder uns, blind für unser Potenzial, bremsen und runterziehen.*

Ein *weiteres wichtiges Thema*, das großen Einfluss auf unseren Erfolg hat, *sind unsere Prägung in der Kindheit, unsere Geburtsstätte und das gesellschaftliche Umfeld, in das wir hineingeboren wurden.*

So hat bspw. ein in der Sahelzone geborenes (potenzielles) Genie sehr geringe Chancen, so alt zu werden, dass seine Begabung überhaupt erkannt wird. Und ein junger hochbegabter Mann aus der Unterschicht endete während der zwei Weltkriege sehr wahrscheinlich als Kanonenfutter auf dem Schlachtfeld. *Von den talentierten Frauen der letzten Jahrhunderte ganz zu schweigen*, deren Potenzial sich aufgrund der von der Gesellschaft zugewiesenen Rollen als Mutter, Hausfrau oder Dienstmädchen ohne Chancen auf weiterführende Bildung, nie entfalten konnte. Wie viele Menschen hätten das Potenzial für ein Studium, kommen aber aufgrund ihrer sozialen Herkunft nicht auf die Idee, werden nicht gefördert oder können sich ein Studium nicht leisten?

Wir sehen also: Erfolg allein ist kein valider Indikator! Wer in der Vergangenheit Erfolg hatte, kann sich diesen durchaus durch hohe Leistungsbereitschaft oder besondere Fähigkeiten für den jeweiligen Job erarbeitet haben. Vielleicht profitierte ein Mensch aber auch nur von positiven Umständen – anders als jemand, der bisher weniger erfolgreich war, obwohl er das Potenzial hat, Leistungsträger zu sein. Mit diesen Umständen und Zufällen des Lebens, die zu Erfolg oder Misserfolg führen können, beschäftigt sich das sehr lesenswerte Buch »Die Kunst des guten Lebens« von Bestseller Autor Rolf Dobelli.

> Kleiner Randgedanke: Wie viele vermeintliche »Versager:innen« oder Durchschnittsleister:innen warten nur darauf, von jemandem die Chance zu bekommen, ihr Potenzial zu entfalten? Wäre es nicht eine ehrbare Aufgabe als Führungskraft, genau solche Menschen zu entdecken und zu fördern?

Vom Geschäftsführer zum Gescheiterten

─────────────────

❯❯ *Er hatte schon mit 18 Jahren informell die Logistik einer Spedition geleitet, ging nach dem Studium ins Ausland ohne die Sprache fließend zu beherrschen und sammelte dort Erfahrung als Führungskraft. Zurück in Deutschland wurde er als Key Account Manager zum rainmaker seines Arbeitgebers, sanierte im nächsten Job innerhalb eines Jahres einen Unternehmensbereich, an dem schon drei andere Manager gescheitert waren und langweilte sich jetzt im Job. Er strotze vor Selbstbewusstsein, Kraft und Erfolgsbilanz. Der nächste Schritt sollte die Geschäftsführung sein. Da bot sich die Gelegenheit, in einer Spedition Geschäftsführer unter den beiden Inhabern zu werden, mit der Option, das Unternehmen in wenigen Jahren als Inhaber zu übernehmen.*

Alles lief verheißungsvoll. Bis der Markt in einer Weise zusammenbrach, wie es auch die beiden langjährigen Inhaber noch nie erlebt haben. Er wurde zum Kostenfaktor und mit einem fingierten Vorwurf der Untreue rausgeschmissen. Den Arbeitsgerichtsprozess gewann er zwar, aber ein Zurück gab es nicht. Er machte sich mit einer Produktidee für die Logistik selbstständig, nachdem er mit potenziellen Kunden gesprochen hatte. Alle fanden das Produkt gut, am Ende kaufte aber niemand. Also wickelte er die Firma wieder ab und fand einen Job als Leiter eines neu gegründeten Standorts. Dieser wurde aber nach drei

Monaten aufgrund anderer Faktoren wieder dichtgemacht. Die Personalberater aus seinem Netzwerk wimmelten ihn ab. Als ehemaligen GF in einem gewissen Alter wollte ihn niemand für eine andere Position einstellen und inzwischen sah sein Lebenslauf nicht mehr gut aus. Nach Monaten der Arbeitslosigkeit nahm er einen Job als Vertriebler für eine Verpackungslösung an. Er führte viele Gespräche mit potenziellen Kunden und auch dem Wettbewerb. Alle kannten die Lösung schon, keiner wollte sie haben. Denn die Technologie war veraltet, aber der Anbieter wollte nicht in neue Entwicklungen investieren. Deswegen waren auch schon drei andere Vertriebler vor ihm gegangen, wie er durch die Gespräche erfuhr. Schließlich kündigte auch er, weil er es nicht ertragen konnte, Geld für einen Job zu bekommen, in dem er nichts bewirken kann.

Weitere lange Monate der Arbeitslosigkeit folgten. Schließlich ergab sich die Möglichkeit der Übernahme einer kleinen Firma. Die Inhaberin brauchte aber noch ein Jahr bis zur finalen Entscheidung, in der er weiter nur warten konnte. Den Kredit von einer Million bekam er von einer lokalen Bank. Der Bankberater sagte zu ihm: »Sie sind der einzige, dem ich die Übernahme zutraue«.

Dieser Mann hatte inzwischen viel Geld, sein Selbstvertrauen und seinen Glauben an die Zukunft verloren. Er sagte mir einmal in einem Gespräch: »Henrik, wenn mir das jemand erzählen würde, ich würde es nicht glauben. Und ich habe Bekannte, die sich von mir abwenden, weil sie meinen, ich wäre selbst an dieser Situation schuld. Aber das bin ich nicht. Ich hätte nie gedacht, dass mir so etwas passieren könnte.«

Fachwissen

Auch wenn Fachwissen immer wieder ein wesentliches Personalauswahlkriterium ist, *spielt* es *im Grunde (fast) keine Rolle*. Denn Fachwissen lässt sich aneignen, sofern der Mensch dazu willens und intelligent genug ist und die Grundlagen stimmen.

Eine Maschinenbauingenieurin hat im Studium umfangreiche technische und mathematische Kenntnisse erworben. Da sie das Studium durchgezogen hat, unterstellen wir ihr jetzt einmal, ein Faible für Technik zu haben. Jetzt möchte sie in die Elektrotechnik Fuß fassen. Wir können davon ausgehen, dass sie sich das nötige Fachwissen zumindest deutlich schneller aneignen kann als z. B. jemand, der eine Ausbildung zum Groß- und Einzelhandelskaufmann gemacht hat. Einer ausgebildeten Pflegekraft, die sich Fachwissen für die Intensivpflege aneignen muss, fällt dies sicherlich deutlich leichter als einem Controller aus der Baubranche (der sich – warum auch immer – auf einen Job in der Pflege bewirbt).

Ich glaube, der Punkt ist klar: *Je näher wir am Spezialthema dran sind, um so wahrscheinlicher ist es, dass wir es erlernen können.* Selbstverständlich kann man sich aber auch Fachwissen aneignen, wenn man bisher nichts mit dem Thema zu tun hatte. Die Dauer des Erlernens hängt dann auch von dem Schwierigkeitsgrad des Themas ab.

Berufserfahrung

Alle Führungskräfte lieben Berufserfahrung bei Bewerber:innen, aber wie entsteht sie eigentlich? Genau, nur über Erfahrung. *Aber ist Erfahrung auch eine Garantie, den Job gut zu machen? Nein!*

Auf den ersten Blick dürfen wir natürlich vermuten, dass, wer lange einen bestimmten Job macht, auch gut in diesem Job ist. Auf den zweiten Blick können wir jedoch erst einmal nur schlussfolgern, dass die Person weiß, wie sie ihren Job zu erledigen hat. Wir wissen ohne weitere Analyse schlichtweg nicht, ob sie den Job wirklich gut macht, sie über die nötigen Fähigkeiten für den Job verfügt oder ihr Gezeigtes nur umsetzt – und jemand anderes ihn viel besser erledigen könnte.

Ein IT-Systemadministrator, der seit 20 Jahren die IT-Systeme seines Arbeitgebers pflegt, kennt sämtliche technischen Schleifen und Besonderheiten, weil er diese seit 20 Jahren betreut. Das macht ihn aber nicht automatisch zu einem guten IT-Systemadministrator. Vielleicht hat er, weil er es nicht besser konnte, völlig unsinnige Besonderheiten oder komplizierte Abläufe eingebaut, die das System unnötig komplex machen. Aufgrund seiner Erfahrung ist er zwar Meister dieses Systems und kann von sich behaupten, seit 20 Jahren ein IT-System zu betreuen. *Aber wie gut er das macht, wissen wir nicht.* Jemand mit weniger Erfahrung kann trotzdem das nötige Wissen und die Kompetenzen mitbringen, um das System womöglich besser zu betreuen als der erfahrene Systemadministrator.

Machen wir uns bitte klar, dass wir alle viele Jobs könnten – würden wir sie lange genug machen. Irgendwann wüssten wir, was zu tun ist, wenn A passiert oder B erreicht werden muss und wie die Fachbegriffe lauten. Das sagt aber rein gar nichts darüber aus, ob wir in diesem Job wirklich gut sind oder in einem anderen Job nicht noch viel besser wären. Deswegen ist Berufserfahrung zwar ein starkes Indiz, aber allein kein valides Auswahlkriterium.

> **Wir können also ruhig Menschen einstellen, die den Job noch nie gemacht haben. In vielen Berufen ist Erfahrung als Auswahlkriterium einfach überbewertet.**

Der Doktorand, der Führungskraft wurde

>> In einem Interim Projekt bei einem E-Commerce Unternehmen suchten wir einen Head of DevOps. Die Anforderungen waren vom Leiter IT Infrastruktur und Leiter Softwareentwicklung schnell gesetzt: abgeschlossenes IT-Studium, mindestens zehn Jahre Berufserfahrung und davon ca. fünf Jahre Führungserfahrung eines Teams von Softwareentwickler:innen. Wir sprachen mit drei formell passenden Kandidaten. Einer passte persönlich nicht, dem zweiten trauten wir den Job nicht zu und der dritte wollte nicht.

Dann bewarb sich ein junger Mann, der gerade in Informatik promoviert und vorher u. a. Bauingenieurwesen studiert hatte. Alle waren sich einig, dass er den Job nicht kann und eine Absage bekommt. Aber weil ich hoffte, ihn vielleicht für eine andere Position gewinnen zu können, rief ich ihn an, um ihm persönlich abzusagen. So kamen wir ins Gespräch und er fragte mich, warum ich glaube, dass er den Job nicht kann. Ich nannte ihm die Gründe (zu wenig Berufs- und Führungserfahrung) und er fing daraufhin an, zu erzählen, was er alles schon gemacht hatte. Manches stand nicht im Lebenslauf, einiges hatten wir anders interpretiert als es wirklich war. Noch dazu war er sehr kommunikativ, eloquent und pfiffig. Ich organisierte ihm ein Telefonat mit dem Leiter IT Infrastruktur. Der war begeistert und wir lu-

den ihn zum Gespräch vor Ort ein. Er absolviert das zweite Gespräch und auch das halbtägige Führungskräfteauswahlverfahren mit Bravour und wurde eingestellt. Denn tatsächlich brachte er alle Fähigkeiten und Eigenschaften mit, die der Job erforderte.

Die Frau, die mehr konnte und wollte

>> Eva Stock ist heute in der HR-Szene eine gefragte und sehr geschätzte Personalerin. Sie ist Prokuristin und Chief People und Marketing Officer bei der Tech-Agentur comspace mit gut 100 Mitarbeiter:innen, Tech-Investorin, Rednerin, Autorin und federführend bei diversen gesellschaftspolitischen Initiativen. Ihre Karriere ist eine kleine Erfolgsstory. Das hat ihr aber vorher niemand zugetraut. Eva startete ihre Karriere in der Personalentwicklung bei der Deutschen Bahn und wollte nach vier Jahren als HR-Generalistin in den Mittelstand. Aber sie bekam zwei Jahre lang auf ihre Bewerbungen nur Absagen. Der immer wieder kommunizierte Grund: »Du kannst ja nur Personalentwicklung im Konzern.« Schließlich klappte der Wechsel als HR Managerin in eine kleinere Agentur, was sich als Durchbruch herausstellte. Nach zwei Jahren wechselte sie als Head of Business Relations beim HR Start-Up Jobufo von HR in die Kundenverantwortung und wurde drei Jahre später schließlich Chief People und Marketing Officer bei comspace.

Diese Entwicklung hat ihr als Personalentwicklerin bei der Deutschen Bahn zwei Jahre lang niemand zugetraut, denn angeblich konnte sie ja weder HR Management noch Mittelstand. Bis ihr jemand die Chance gab und sie zeigen konnte, was sie wirklich kann.

Gute Personalauswahlkriterien

Und damit kommen wir zu *den drei wichtigsten und nur auf den ersten Blick sehr banalen Kriterien, die darüber entscheiden, ob jemand den Job gut machen wird und diesen ggf. immer besser erledigen kann.*

Intelligenz

Gleich vorweg: Das Thema Intelligenz ist komplex! Es gibt mehrere Ausprägungen von Intelligenz und verschiedene Messverfahren. In die Tiefen der Intelligenzforschung brauchen wir uns aber für dieses Kapitel nicht zu begeben, sondern bleiben auf dem für die Praxis relevantem Niveau. Einigen wir uns für den Moment auf die Definition von Intelligenz als »starke analytische Kompetenz und Fähigkeit, sich leicht Wissen anzueignen«.

» Je komplexer eine Aufgabe ist, desto höher ist die Korrelation zwischen Intelligenz und Performance.

Harald Ackerschott

(Sehr) intelligente Menschen sind im Stande, Probleme zu lösen, die für sie neu sind. Weniger intelligente Menschen schaffen das nicht so gut und müssen über Erfahrung, Ausprobieren und Routine gehen. Es gibt aber Jobs, in denen das nicht so gut funktioniert. Ursächlich dafür ist, dass die Jobs wenig Routinen beinhalten und eine gewisse inhaltliche Komplexität auszeichnet. Strategieberater:innen bspw. werden oft mit für sie neuen Fragestellungen in einem immer wieder neuen Kontext konfrontiert, die es zu lösen gilt. Das geht nur mit einem gewissen Grad an Intelligenz.

Insofern lässt sich erst einmal Folgendes grob festhalten: ***Bei komplexen Aufgaben mit mehreren Unbekannten und ständig wechselnden Herausforderungen, ist Intelligenz zur Bewältigung der Aufgaben essenziell.*** Eine Führungsaufgabe gehört übrigens auch in diese Rubrik! Natürlich spielen neben Intelligenz noch andere Faktoren eine Rolle wie bspw. Fleiß und Motivation. Ist es jedoch um die Intelligenz weniger gut bestellt, nützt in manchen Jobs auch die größte Motivation nichts. Feststellen lässt sich der Intelligenzgrad von Bewerber:innen eigentlich nur über wissenschaftliche fundierte Testverfahren, wie sie z. B. vom Hogrefe Verlag angeboten werden[11] und / oder durch die Arbeit eines Eignungsdiagnostikprofis. Alles andere ist heiteres Raten.

---

11 *https://www.hogrefe.com/at/produkte/tests/intelligenztests*

Sind gute Noten ein Indikator von Intelligenz? Tendenziell schon, aber nicht zwingend. Gute Noten lassen sich bekanntlich auch, zumindest in einigen Fächern, durch Fleiß erreichen. Zudem ist deren Vergabe zum einen sehr stark von der Schule und dem Lehrkörper abhängig und es gibt zum anderen äußerst intelligente / begabte Menschen, die sich, gelangweilt vom Lehrstoff, schlechte Zensuren einfangen. Aber natürlich kann jemandem, der, insbesondere in mathematischen und naturwissenschaftlichen Fächern, konstant (sehr) gute Zensuren erhalten hat, ein gewisser Grad an Intelligenz unterstellt werden.

Fähigkeiten

Mit unseren Fähigkeiten erledigen wir die basalen Dinge unseres Alltags, deswegen registrieren wir sie auch nicht besonders. Uns handwerklich betätigen, mündlich und schriftlich kommunizieren, bewegen, sehen und denken können, sind grundlegende Fähigkeiten, die fast alle Menschen mehr oder weniger gut beherrschen. *Dennoch gibt es Menschen, die Dinge besser können als andere.* Wer kennt sie nicht, die Hobby-Handwerker:innen, die, ohne darin ausgebildet zu sein, Parkett verlegen, mauern, Zwischenwände einfügen oder Waschmaschinen reparieren?! Auf der anderen Seite kennen wir auch diejenigen, die genau das, trotz YouTube-Tutorial, eben nicht oder weniger gut hinbekommen. Das lässt uns kühn schlussfolgern, dass es Menschen gibt, die handwerklich begabter sind als andere. Diese Tatsache gilt für alle Fähigkeiten von Menschen. Es ist auch jeder von uns in der Lage, eine Rede zu halten, aber nicht jeder vermag es, Menschen dabei zu unterhalten und zu begeistern.

> Was unterscheidet einen sehr guten (Baseball-)Schlagmann von einem guten? Seine Sehstärke.
>
> Harald Ackerschott

Genau um diese »besonderen« im Sinne von »besonders ausgeprägten« Fähigkeiten geht es. *Sie werden auch als »übertragbare Fähigkeiten« bezeichnet, weil sie universell, privat wie beruflich und in unterschiedlichsten Kontexten, eingesetzt werden können.* Sie sind unabhängig von Erfahrung in einer bestimmten Branche oder beruflichen Funktion. Wer handwerklich begabt ist, kann mit Holz, Metall oder Stein arbeiten. Wer gut kommuniziert, kann das in einem Schulaufsatz, einer Vorstandspräsentation, einem Pressetext oder in einem Liebesbrief.

Alle Jobs dieser Welt bauen auf diese übertragbaren Fähigkeiten auf. Wahres Können und Expertise entsteht dann im Laufe der Jahre durch die Ausübung des Jobs und kontinuierliches Training. So ist bspw. eine Controllerin vor allem aufgrund ihres sehr guten Zahlenverständnisses gut in ihrem Job und nicht, weil sie den Job schon sehr lange ausübt. Mit der Fähigkeit, gut mit Zahlen umgehen zu können, könnte sie aber auch einen Job im Marketing ausüben, ein Project-Management-Office leiten oder in der Forschung arbeiten.

Wer wiederum gut mit Menschen umgehen kann, bringt mit dieser Fähigkeit eine wesentliche Voraussetzung dafür mit, um bspw. in der Pflege, im Vertrieb oder in der Personalabteilung zu arbeiten oder aber, Politiker:in, Pastor:in, Motivationscoach oder Pressesprecher:in zu werden. Mit den passenden Fähigkeiten ist vieles möglich, aber so richtig gut wird man erst durch's Machen und Lernen – von Anderen und aus den eigenen Fehlern.

Wer die, für die Ausübung eines Jobs notwendigen, Fähigkeiten jedoch nicht oder nur teilweise mitbringt, wird es wird immer schwer haben, egal, wie sehr er sich bemüht. ***Deswegen ist das oft genannte Zitat »Hire for attitude, train for skills« zwar beliebt, aber pauschal ein schlechter Ratgeber.*** Attitude allein befähigt niemanden für einen Job.

Persönlichkeitseigenschaften

Eigenschaften sind sowohl für den jeweiligen Job als auch das Arbeitsumfeld wichtig. Bei Eigenschaften denken wir immer zuerst an Begriffe wie introvertiert, teamfähig, selbstsicher, entscheidungsfreudig etc. Das Thema ist aber vielschichtiger.

Eine Persönlichkeitseigenschaft ist z.B. der »Aufmerksamkeitsfokus«. Ein Mensch kann einen engen Fokus haben und interessiert sich daher nur für ein bestimmtes Thema, ein Spezialgebiet. Ein anderer hat einen breiten Fokus, ist also vielseitig interessiert und springt, voller Begeisterung für Neues, von einem zum anderen Thema. Beide Ausprägungen können für einen Job hilfreich oder kontraproduktiv sein. Ein Concierge oder allgemein Mitarbeiter in einer belebten Hotellobby sollte einen breiten Aufmerksamkeitsfokus haben, um vieles vom Geschehen mitzubekommen, während jemand in der Qualitätssicherung der Waferproduktion in der Halbleiterindustrie einen engen Fokus haben sollte.

Eine andere Eigenschaft ist bspw. »Problemlösung unter Zeitdruck«. Rettungssanitäter durchlaufen alle eine ähnliche Ausbildung und bekommen feste Schemata an die Hand, wie sie an einem Unfallort vorgehen müssen. Sie brauchen diese Schemata eigentlich »nur« abarbeiten. Aber ist ein Unterschied, ob ein Verletzter kurz vor dem Verbluten ist und jede Sekunde zählt oder ob jemand sich den Fuß verstaucht hat und auch noch zehn Minuten später behandelt werden kann. In der Krisensituation zeigt sich, wer ruhig bleibt und wer in Panik oder zumindest Hektik verfällt und deswegen seine Leistung nicht abrufen kann.

Aus diesem Grund sollte der Bewerber über die wichtigsten Persönlichkeitseigenschaften verfügen, die zur Ausübung des Jobs notwendig sind. Welche Eigenschaften das wirklich sind, lässt sich am besten mit Hilfe eines Eignungsdiagnostik-Profis herausfinden (mit dem wir ja seit diesem Buch eh schon an der Optimierung unserer Personalauswahl arbeiten).

Unabhängig von der Tätigkeit sind Eigenschaften aber auch für das Arbeitsumfeld relevant. Bezüglich des Arbeitsumfeldes spielt bspw. die Eigenschaft »Verhaltenskonformität« eine entscheidende Rolle. So gibt es neben Menschen, die sich problemlos ihrem Umfeld anpassen können, also gesellschaftskonform sind, auch jene, die sich eher unkonventionell / rebellisch verhalten und ein passendes Arbeitsumfeld brauchen, um sich wohlzufühlen und produktiv zu sein. Ein risikoaverses, äußerst vorsichtig agierendes Unternehmen ist bspw. kein optimales Umfeld für einen sehr risikofreudigen Menschen. Wird dieser Mensch trotzdem bewusst bspw. in den Vorstand geholt, um das Unternehmen risikofreudiger zu machen, muss allen Beteiligten klar sein, dass die Zusammenarbeit eine Herausforderung für beide Seiten wird.

Interessen / Motivation

Während die Auswahlkriterien Intelligenz, Fähigkeiten und Eigenschaften elementar sind, ist das bei »Interessen« eines Menschen etwas uneindeutiger. Sie sind nicht ganz so entscheidend, sollten aber zumindest nicht massiv der Tätigkeit und dem Arbeitsumfeld zuwiderlaufen. *Denn die Interessen können definitiv ein Verstärker von Leistung und Arbeitsmotivation sein.*

Wer seine Umwelt schützen möchte, hat vermutlich ein hohes Interesse an vielen Themen der Nachhaltigkeit und wird hoch motiviert sein, sich thematisch passendes Wissen zu erarbeiten. Wer einen kranken Angehörigen hat, wird ein großes Interesse daran haben, die Krankheit besser zu verstehen und vielleicht zu heilen. In beiden Fällen ist die Motivation / das Interesse am Thema ein Verstärker der Leistungsbereitschaft. Kommen dann noch die richtigen Fähigkeiten und Eigenschaften und der nötige Grad an Intelligenz hinzu, wird dieser Mensch, angetrieben von seiner Motivation, sehr schnell Leistung und Erfolge bringen.

Interessen und Motivation spielen aber auch für das Umfeld in Form von Branche und Geschäftszweck des Arbeitgebers eine Rolle. So wird sich jemand mit einem hohen Interesse am Schutz der Umwelt, schwer für eine Arbeit begeistern lassen, die mit der Zerstörung der Umwelt einhergeht, wäre aber hoch motiviert, für ein Unternehmen zu arbeiten, das sich dem Umweltschutz verschrieben hat. Den meisten Menschen ist die Branche, in der sie arbeiten oder der Geschäftszweck des Unternehmens, in dem sie beschäftigt sind, allerdings relativ egal, solange der Job für sie passt. Jemand, der sich privat im Tierschutz engagiert, aber beruflich in der Automobilindustrie beschäftigt ist, wird deswegen vermutlich keinen Konflikt empfinden. Wie viel motivierter wäre aber dieser Mensch, würde er z. B. beim Tierschutzbund beschäftigt sein?

Und genau darum geht es auch in der Personalauswahl – *die Interessen / Motivation der Mitarbeiter:innen zu nutzen, damit sie mit Spaß und Leistungsbereitschaft den Job machen.* Das funktioniert am besten, wenn die Interessen mit dem Job und dem Umfeld zusammenpassen.

Wir sollten niemandem aufgrund des Lebenslaufes absagen.

Konsequenzen für
die Personalvorauswahl

Was bedeutet das bisher Gelesene nun für die Personalvorauswahl? *Vor allem, dass wir ganz viel altes Denken,
Mythen und Legenden über Bord werfen sollten.* In Zeiten von 100 Bewerbungen auf eine offene Position, konnten wir anhand von Foto, Anschreiben und (Miss-)Erfol-
gen aussortieren. Es blieben immer noch eine Handvoll
Bewerber:innen übrig, von denen am Ende eine Person
eingestellt wurde. Die Zeiten sind im Großen und Ganzen
vorbei und deswegen *schauen wir uns jetzt an, was wir in
Zukunft besser machen können.*

Das Auswahlmedium ändern

Die in der Praxis beliebtesten Auswahlmedien (Anschreiben, Lebenslauf, Arbeitszeugnisse) sind, wie
schon ausgeführt, miese Verräter, weil sie eine Aussagekraft zur Eignung von Bewerber:innen zwar vorgaukeln,
sie aber faktisch nicht bieten. Wir müssen also entweder das Medium ändern oder anders mit den bisherigen
Medien umgehen. Konkret kann das bedeuten:

 Wir ändern das Vorauswahlmedium durch den Einsatz (wissenschaftlich fundierter) eignungsdiagnostischer Testverfahren, durch die wir nach Intelligenz,

Fähigkeiten und Eigenschaften vorfiltern und alle zum Gespräch einladen, die einen gewissen Grundwert erreichen. *Dieser Ansatz eignet sich am besten für Positionen, bei denen wir mit mehr als zehn Bewerbungen rechnen können oder wenn wir Quereinsteiger:innen suchen, die bisher noch nie was mit dem zu besetzenden Job zu tun haben.* Über diesen Ansatz hat mir 2018 der damalige Leiter Talentmanagement von Continental, Matthias Metzger, im Podcast berichtet.[12] Für dieses Vorgehen sollten wir definitiv mit erfahrenen Eignungsdiagnostiker:innen zusammenarbeiten, die für jede Position den passenden Mix an Testverfahren zusammenstellen. Ein kleiner Hinweis am Rande: Die am Markt am meisten beworbenen und verbreiteten Persönlichkeitstests sind meistens keine wissenschaftlich validen Testverfahren. Sie werden einfach nur sehr gut vermarktet. Davon sollten wir die Finger lassen.

 Wir gehen besser mit den alten Vorauswahlmedien um, in dem wir beim Lesen von Lebensläufen auf Interpretation und vorschnelle Absagen verzichten. Stattdessen laden wir die Handvoll Interessierten zum Gespräch (virtuell oder telefonisch)

---

12 *https://www.hzaborowski.de/2018/11/19/ personalauswahl-bei-continental-mit-verstand-ohne-ki*

ein und prüfen anhand eines vorher klar definierten Fragenkatalogs, ob sie mehr (oder weniger) mitbringen als ihr Lebenslauf oder Social-Media-Profil vermuten lässt (mehr Informationen zum Fragenkatalog gibt es weiter unten).

Beide Varianten erscheinen auf den ersten Blick zu umständlich, sind es aber nicht mehr, wenn wir dieses Vorgehen in die richtige Relation setzen:

- Hiring Manager:innen suchen in der Regel für ihren Fachbereich immer mal wieder neue Mitarbeiter:innen. Die einmal zusammengestellte Testbatterie lässt sich also immer wieder anwenden, da immer ähnliche Profile gesucht werden. Der Aufwand ist also nur am Anfang hoch.

- Mit allen Bewerber:innen zu sprechen erscheint nur auf den ersten Blick aufwendig. Diese ersten Gespräche lassen sich auf 15 Minuten begrenzen, die Terminierung kann durch eine Assistenzkraft erfolgen. Wer sich diese Zeit als Führungskraft nicht nehmen kann, muss sich fragen, ob er die Prioritäten seiner Position richtig setzt.

- Im Fall der Besetzung von (Top)-Management-Positionen ist der Aufwand eines eignungsdiagnostischen Verfahrens mehr als gerechtfertigt. Hier sollte auf keinen Fall gespart werden.

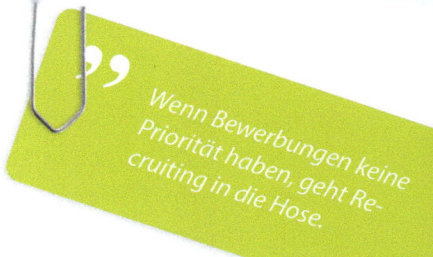

Fokus auf's Recruiting

Das Wort »Bewerbermanagement« stammt aus der Zeit, als es noch zahlreiche Bewerbungen pro Vakanz gab. Zu der Zeit konnten sich die Hiring Manager:innen bis zur Vorauswahl und den ersten Gesprächen ohne negative Konsequenzen auch ein paar Wochen Zeit lassen. Die geduldigen Bewerber:innen wurden in der Zwischenzeit von HR mit Eingangsbestätigung und Zwischenbescheiden hingehalten und warteten mangels weiterer Job-Alternativen auf den Arbeitgeber.

Heute läuft bei vielen Hiring Manager:innen das Recruiting immer noch nebenher, weswegen die Personalabteilungen mehr damit zu tun haben, die Hiring Manager:innen zu managen, anstatt die paar Bewerber:innen. Das ist aber der falsche Ansatz. ***Wer es heute als Hiring Manager:in nicht schafft, Bewerbungen innerhalb von zwei bis drei Tagen zu sichten, eine Vorauswahlentscheidung zu treffen und direkt auch zeitnah Interviewtermine anzubieten, steht dem Recruitingerfolg im Weg*** und muss sich fragen, welche Priorität die Stellenbesetzung bei ihm wirklich hat. Denn es gibt in Zeiten von digitalen Bewerbungen, die im Bewerbermanagementsystem online 24/7 zur Verfügung stehen, keinen Grund, länger zu brauchen. Es werden aber trotzdem immer wieder vor allem zwei Argumente genannt, die dieses Vorgehen verteidigen sollen. Sie sind aber schnell widerlegt:

 Eine schnelle Rückmeldung könnte den Bewerber:innen signalisieren, dass das Unternehmen verzweifelt ist und deswegen so schnell reagiert. Die Bewerber:innen könnten also denken, dass sie in der stärkeren Verhandlungsposition sind. Nun, ehrlich gesagt wissen Bewerber:innen, dass sie (meistens) in der stärkeren Position sind. Eine schnelle Rückmeldung vom Arbeitgeber ist sogar deren Erwartung. Alles andere zeugt von Unprofessionalität.

Es ist operativ zu viel zu tun, weshalb ja weitere Mitarbeiter:innen gesucht werden und keine Zeit für Recruiting bleibt. Wir können diesen Gordischen Knoten zerschlagen, *in dem wir das Recruiting einfach nach ganz oben priorisieren*. Wir könnten pauschal feste Zeitfenster im Kalender für das Sichten der Bewerbungen und für anschließende Vorstellungsgespräche blocken oder interne Termine verlegen, um kurzfristig Platz für Interviews im Kalender zu haben. Je schneller die offenen Positionen besetzt sind, um so schneller läuft auch das operative Business wieder normal. Oder wir beweisen Führungsqualitäten und delegieren die Vorauswahl an Teammitglieder, die vorher gut geschult wurden (also mindestens dieses Buch gelesen haben sollten).

Das sind Entscheidungen, die eine Führungskraft tref-
fen muss. Sonst ist sie in der Position falsch.

Der Recruitingerfolg hängt IMMER von der Führungs-
kraft ab. Immer! Die Recruiter:innen können den ganzen Fachkräftemarkt umgraben und die perfekten Kan-
didat:innen finden – wenn aber die Führungskraft den
Prozess verschleppt, im Vorstellungsgespräch die Be-
werber:innen nicht für den Job und von sich überzeugt
oder am Ende aus Angst keine Entscheidung trifft, war
die Arbeit umsonst und die Stelle bleibt unbesetzt.

> (Sehr) gute Führungskräfte werden in Zu-
> kunft noch entscheidender für den Unter-
> nehmenserfolg sein als bisher, weil sie der
> Schlüssel für ein erfolgreiches Recruiting sind.

Auch hier ist wieder das Top-Management gefordert,
alles dafür zu tun, gute, fähige Führungskräfte zu beschäftigen, schlechte Führungskräfte zu verhindern
und eine sehr gute Führungskultur zu fördern.

Hiring von 15 IT-Spezialist:innen in drei Monaten

›› Ich wurde von einem Unternehmen als Interim Recruiter geholt, um IT Spezialist:innen einzustellen. Schon seit Jahren hatte das Unternehmen Recruitingprobleme, litt unter einem schlechten Arbeitgeberimage und nicht optimalen Arbeitsbedingungen. Wie ich aber schon am zweiten Tag herausfand, war das größte Problem der Leiter Softwareentwicklung, der als Hiring Manager nie Zeit hatte. Selbst für seine Mitarbeiter:innen nicht. An meinem dritten Tag als Interim Recruiter rief mich der Personalberater des Hauses an, der schon seit vier Wochen auf Feedback zu einigen Top Profilen wartete. Ich suchte das Gespräch mit HR und dem Leiter Softwareentwicklung und machte deutlich: So wird das nichts, so brauchen wir gar nicht weitermachen. Wenn der Leiter Softwareentwicklung keine Zeit hat, muss er das Recruiting an jemand anderen delegieren.

Diesen Vorschlag nahm ein Teamleiter dankbar auf, denn er litt am meisten unter den fehlenden Mitarbeiter:innen. Er wurde der Hiring Manager und schaffte es über die nächsten Wochen immer wieder, innerhalb weniger Tage mit den Bewerber:innen ein Gespräch zu führen. Er räumte sich die Zeit dafür einfach frei. Für das Zweitgespräch kam der Leiter Softwareentwicklung im Zweifel nur für 15 Minuten dazu, diskutierte anschließend kurz mit seinem Teamleiter den Gehaltsrahmen und überließ ansonsten alles andere seinem Teamleiter und mir. Wir konnten innerhalb von drei Monaten 15 IT-Spezialist:innen einstellen. Alle waren von dem Ergebnis überrascht, aber es war die Folge einer klaren Priorisierung des Recruitings.

Akzeptieren, was ist

Es gibt Hiring Manager:innen mit klaren Vorstellungen, welche Qualifikationen Bewerber:innen für einen Job mitbringen müssen, welche Gehaltsbandbreite möglich ist und wie die konkreten Arbeitsbedingungen aussehen. Das ist auch richtig, denn für jede Position muss es klare Anforderungen und Rahmenbedingungen geben. *Das Problem ist aber, dass dem Arbeitsmarkt die Vorstellungen des Hiring Managers völlig egal sind.* Der Markt reagiert auf Angebot und Nachfrage. Wenn die gewünschten Spezialist:innen nicht zu gewinnen sind, muss die Führungskraft ihre Vorstellungen an den Markt anpassen! Denn da in Deutschland die Sklaverei abgeschafft ist, können wir niemanden mit Gewalt in unseren Job zwingen. *Wir brauchen also Ausweichmöglichkeiten, die es glücklicherweise auch gibt. Wir müssen sie nur nutzen.*

> *Da wir keine Menschen backen können, müssen wir mit denen arbeiten, die wir haben.*

Mehr Mut zur Lücke

Die naheliegendste Möglichkeit ist, jemanden einzustellen, der noch nicht alle gewünschten Qualifikationen (Erfahrung, Fachwissen) mitbringt, aber in der Lage ist, sich diese anzueignen. Das zu prüfen ist wieder Aufgabe der Eignungsdiagnostik. Oft fallen die gewünschten Anforderungen in sich zusammen, sobald die Führungskraft erklären soll, warum es z. B. ausgerechnet fünf anstatt drei Jahre Berufserfahrung sein müssen, es nicht auch eine Technikerin anstatt einer Ingenieurin sein darf oder warum unbedingt ein IT-Studium erforderlich ist. Viele dieser Vorstellungen stammen noch aus dem alten Denken und einer gewissen Selbstüberschätzung der Führungskraft – gemäß dem Motto: »Alle Jobs in meiner Abteilung sind (wie auch ich) superwichtig, weshalb ich nur top ausgebildete Menschen einstellen kann.« Das ist eher Wunschdenken als Realität.

Unsinnige Auswahlkriterien werden aber oft auch unternehmensweit festgelegt. Viele Unternehmen verlangen bspw. ein Studium als Voraussetzung für eine Führungsposition. Aus eignungsdiagnostischer Sicht ist das fragwürdig, denn ehrlicherweise qualifiziert ein Studium nicht per se zur Mitarbeiterführung. Oder es wird ein Mindestwert für den Notenschnitt festgelegt. Das alles ist aber keine gute Personalauswahl, sondern soll vor allem als Aushängeschild nach innen und außen dienen, nach dem Motto »Wir haben hier nur (sehr) gute Akademiker:innen (aka schlaue Menschen) als Führungskräfte.« *Diese pauschale Regelung ist erstens völlig sinnbefreit, zweitens diskriminierend und drittens schaden sich Unternehmen damit selbst, weil sie nicht die passendste Person einstellen können, sondern nur welche mit einem (sehr gutem) Studium.*

Der Absolvent mit den drei Jobangeboten

>> *Während meiner Zeit als Inhouse Recruiter bei einer IT- und Managementberatung war ich mit sehr vielen Absolvent:innen renommierter Universitäten in Kontakt. Einer von ihnen hatte inhaltlich spannende Praktika bei diversen Unternehmensberatungen absolviert und war eine kommunikative, empathische Persönlichkeit. Er erzählte mir, dass er sich vor kurzem bei 10 mittelständischen Unternehmensberatungen beworben, aber von allen ohne Gespräch eine Absage bekommen hatte. Ich fragte ihn nach seinem Notenschnitt. Der lag bei 2,6. Und das war der Knackpunkt, denn die meisten Beratungen haben eine klare Grenze beim Notenschnitt. Ich empfahl ihm, den direkten Kontakt zu suchen.*

Zwei Monaten später sprachen wir wieder. Er hatte inzwischen drei Jobangebote und war happy. Der Trick: Er hat bei der nächsten Absolventenmesse seiner Uni die Stände der Unternehmensberatungen besucht, seinen CV ohne Noten vorgelegt und ist mit den Unternehmensvertretern ins Gespräch gekommen. Er bekam sofort fünf Einladungen zum Vorstellungsgespräch, denn allen Unternehmensvertretern war schnell klar, dass er als Gesamtpaket aus Praktika und Persönlichkeit ein toller Berater sein würde. Daraus wurden dann drei Jobangebote, trotz des nur mäßigen Notendurchschnitts.

Gehaltsanpassungen

Gehaltsanpassungen sind ein unbeliebtes und schwieriges Thema, um das wir nicht herumkommen. Wenn ein Job bspw. mit 100.000 Euro dotiert ist, aber alle Bewerber:innen, welche die Anforderungen erfüllen, 120.000 Euro oder mehr verlangen, greift wieder die Regel, dass der Markt auf Angebot und Nachfrage reagiert. Das Einzelschicksal des Hiring Managers ist dem Markt herzlich egal. *Dann müssen wir entweder Mut zur Lücke haben, d. h. die Anforderungen heruntersetzen, um mit Menschen ins Gespräch zu kommen, die weniger Gehalt fordern – oder eben das Gehalt erhöhen* (sofern ein Tarifvertrag hier keine gesetzlichen Grenzen setzt). Letzteres führt schnell dazu, dass sich die alteingesessenen Mitarbeiter:innen ungerecht behandelt fühlen, wenn jemand Neues, der dieselbe Arbeit verrichtet, deutlich mehr Geld verdient. Insofern sollten, um Unfrieden zu vermeiden, lieber gleich alle Gehälter angepasst werden. Weil dies aber sehr teuer ist, wird es fast nie so gehandhabt. Verständlich.

Aber spinnen wir den Gedanken kurz weiter: *Wenn wir nachweislich im Schnitt weniger zahlen als der übrige Markt, ist die Wahrscheinlichkeit hoch, dass auch die bestehenden Mitarbeiter:innen früher oder später vom Wettbewerb mit mehr Geld weggelockt werden.* Um das zu verhindern, müssten die Gehälter ohnehin angepasst werden – es sei denn, das Geschäftsmodell gibt es her, (fast) ausschließlich mit jungen, unerfahrenen und damit günstigeren Mitarbeiter:innen zu arbeiten. Nach drei bis fünf Jahren verlassen diese dann des Geldes wegen das Unternehmen und an ihre Stelle treten neue junge, günstige Arbeitskräfte – eine Taktik, die sich nur in den wenigsten Branchen bewähren dürfte.

Arbeitszeiten & -orte

In der akuten Corona-Phase arbeiteten auch die kon-
servativsten Unternehmen mit einer großzügigen
Home-Office-Regelung. Inzwischen kippt dieser Trend
und die Mitarbeiter:innen sollen wieder mehr ins Büro.
*Rein mit Blick auf das Recruiting hat die Flexibilisie-
rung von Arbeitszeit und -ort allerdings erhebliche
Vorteile.* Alles unterliegt einem Zeitgeist, der sich immer wieder ändert. Während vor Corona für Arbeit-
nehmer:innen ein einstündiger Arbeitsweg bei einer
Fünf-Tage-Woche (oder ein Zweitwohnsitz im Arbeitsort) völlig normal war, ist dies heute fast schon ein
K. o.-Kriterium. Dadurch verkleinert sich der Radius,
in dem Unternehmen potenzielle Bewerber:innen finden können. Jemand, der 40 Minuten vom Arbeitsort
entfernt wohnt, lehnt diesen vielleicht bei fünf Tagen
pro Woche im Büro wegen des Fahrtweges ab, hätte
aber Interesse, wenn er nur ein bis zwei Tage die Woche
ins Büro kommen muss.

Das Unternehmen, das umdenken musste

>> Ein sehr attraktiver Arbeitgeber mit Sitz in einer ländlichen Region hatte in der Vergangenheit wenig Probleme, seine Führungs- und Spezialist:innen Positionen zu besetzen. Viele Mitarbeiter:innen fuhren ohne Murren pro Strecke bis zu 1,5 Stunden (wenn kein Stau war) zur Arbeit und zurück. Andere nahmen sich eine Zweitwohnung und ließen ihre Familie 300 km entfernt in der Heimat. Durch die 100 % Home Office Regelung während Corona merkten diese Mitarbeiter:innen auf einmal, wie viel mehr sie von ihrer Familie oder ihrem Privatleben ohne die stundenlange Pendelei oder die Zweitwohnung hatten. Alle kündigten nach einer gewissen Zeit ihre Zweitwohnung. Als das Top Management nach Corona wieder »Vier Tage pro Woche im Büro« diskutierte, gab es einen massiven Druck sehr vieler Mitarbeiter:innen, inkl. Androhung von Kündigungen. Am Ende gab das Top Management dem Druck nach, weil es so einen massiven Mitarbeiterschwund nicht riskieren konnte.

Jeder Tag weniger befohlener Präsenz im Büro erhöht den Radius, in dem potenzielle Bewerber:innen wohnen. Würde bspw. ein Unternehmen mit Sitz in München 100 % remotes Arbeiten ermöglichen, ließen sich sogar Mitarbeiter:innen in Hamburg finden, was das Recruiting für dieses Unternehmen deutlich vereinfacht. Wenn wir das Ganze international ausweiten, gilt das noch mehr. Unternehmen, die ihre Mitarbeiter:innen zur Arbeit im Büro verpflichten, beschränken vor allem sich selbst.

Neben dem Arbeitsort müssen auch die Arbeitszeiten zu den Menschen passen. Die Zeiten, in denen Mitarbeiter:innen ihr Leben komplett an den Arbeitgeber angepasst haben, gehören ebenfalls weitestgehend der Vergangenheit an. Und die Flexibilisierung der Arbeitszeiten bietet den Unternehmen darüber hinaus zwei große Chancen, sich ganz neue Bewerber:innenpotenziale zu erschließen.

 Vollzeit vs. Teilzeit – Hier stellt sich die Frage, ob es immer eine Vollzeitstelle sein muss. Aufgrund privater Verpflichtungen können oder wollen Menschen bspw. nicht in Vollzeit arbeiten, weshalb sie nach für sie optimalen Teilzeit-Stellen Ausschau halten. Warum dann nicht als Unternehmen zwei Fliegen mit einer Klappe schlagen, indem man eine unbesetzte Vollzeitstelle in zwei Teilzeitstellen umwandelt, die ein höheres Potenzial haben, besetzt zu werden? **Oder die Stelle direkt als Tandem Stelle ausschreibt, so dass klar ist, diese Stelle soll mit zwei Personen besetzt werden.** Natürlich bringt es mehr Koordinationsaufwand mit sich, zwei Mitarbeiter:innen für eine Stelle zu beschäftigen, aber dieser Aspekt relativiert sich dadurch, dass beide erfahrungsgemäß jeweils etwas mehr als die vereinbarten 20 Stunden arbeiten und man darüber hinaus gleich zwei fähige, sich idealerweise ergänzende und motivierte Menschen beschäftigt, die den Job zusammen vermutlich besser machen als einer allein.

 Und dann ist da noch die Flexibilisierung der Arbeitszeit an sich. Wer feste Kernarbeitszeiten vorschreibt, schließt wieder bestimmte Personengruppen aus, vor allem Eltern (erst recht Alleinerziehende) oder pflegende Angehörige (übrigens eine immer größer werdende Bevölkerungsgruppe). Wenn diese Kernarbeitszeiten für alle wirklich nötig sind, ok. Meistens ist dies aber nicht der Fall. Für Führungskräfte sind feste Arbeitszeiten einfach bequemer, was in Zeiten des Fachkräftemangel allerdings kein gutes Argument ist. Natürlich bedeutet eine höhere Flexibilisierung für alle Beteiligten einen höheren Abstimmungsaufwand und es gibt Jobs die eine feste Anwesenheit am Arbeitsort und/oder feste Arbeitszeiten erfordern, keine Frage. *In der Praxis wird dieser Status Quo aber oft noch zu wenig hinterfragt, obwohl es in der Regel überall Möglichkeiten der Flexibilisierung gibt, selbst im Schichtbetrieb in einer Produktion.* Hier können gute Arbeitszeitexperten definitiv weiterhelfen. Das Thema anzugehen ist Aufgabe des Top Managements, wie wir schon ganz am Anfang gelesen haben.

Die Mitarbeiterin, die mehr arbeiten wollte

>> Eine Mitarbeiterin von mir wollte nur 30 Stunden pro Woche arbeiten, weil sie auch noch ein Leben haben möchte, wie sie es ausdrückte. Das war für mich kein Problem. Nach einigen Monaten wollte sie jedoch auf 40 Stunden pro Woche erhöhen. Ich war erstaunt, aber der Grund war einfach: Seit sie bei mir 100 % remote und flexibel arbeiten kann, spart sie sehr viel Zeit. Sie hat u. a. keine Fahrten ins Büro, muss keinen halben Tag Urlaub nehmen für einen Arztbesuch, kann sich mit Freunden auch mal am späten Nachmittag treffen und dafür morgens früher anfangen zu arbeiten oder tagsüber auch mal kleine Erledigungen machen, die sie in ihrem alten Job auf abends oder das Wochenende verschieben musste. Sie gewinnt Lebenszeit und hat deswegen auch mehr Zeit für ihren Job. Der Traum eines jeden Arbeitgebers.

Das AGG auch leben

Das AGG ist das Allgemeine Gleichbehandlungsgesetz und soll verhindern, dass Menschen aufgrund ihres Geschlechts, ihrer sexuellen Orientierung, ihres Alters, ihrer sozialen Herkunft, ihrer körperlichen Einschränkungen, ihrer Religion etc. diskriminiert werden. Das ist ein sehr sinnvolles, wichtiges und menschenfreundliches Gesetz. *Offiziell diskriminiert heutzutage auch kein Arbeitgeber mehr, denn das kann teuer werden. Inoffiziell wird Diskriminierung aber nach wie vor gelebt,* vor allem von den Führungskräften. Mit der Folge, dass sie ganz viele Chancen verschenken, ihre offenen Positionen zu besetzen. In vielen Briefinggesprächen mit Kunden hören wir den Satz »wenn ich mir was wünschen darf«, ergänzt mit den Varianten »bitte eher ein Mann«, »bitte zwischen 30 – 45 Jahre alt«, »bitte niemanden aus den Ländern ...«.

Für diesen »Wenn ich mir was wünschen darf«-Satz gibt es subjektiv viele gute Gründe. Objektiv aber nicht. Denn wir unterstellen Menschen mit dem Merkmal »58 Jahre alt« oder »Frau« oder »ausländischer Nachname« bestimmte Verhaltensweisen / Eigenschaften, die wir gerne vermeiden möchten. »Wer 58 Jahre alt ist, ist nicht mehr leistungsfähig.«, ist genauso eine Unterstellung wie »Eine Frau fällt schneller aus, weil sie schwanger wird oder sich um die kranken Kinder kümmert.«, oder wie die Vermutung, Menschen mit ausländischem Namen (oder Aussehen) sprächen schlecht Deutsch oder wären schlecht integriert. Ja, die Annahmen beruhen oft auf gemachten Erfahrungen, manchmal einfach nur auf übernommenen Vorurteilen und können tatsächlich im Einzelfall auch richtig sein. Aber es sind Annahmen, die massiv diskriminieren und die Arbeitgeber bei der Stellenbesetzung einschränken.

Denn abgesehen vom Tatbestand der Diskriminierung ändert sich ja auch die Gesellschaft. Inzwischen gibt es mehr Familien als früher, wo die Frau Vollzeit arbeitet und Karriere macht, während sich der Mann um Haushalt und Kinder kümmert. Die Menschen werden immer älter und bleiben länger fit. Das heutige 60 ist das frühere 50. Und inzwischen leben Millionen Menschen mit Migrationshintergrund in Deutschland, die hier aufgewachsen, sozialisiert sind und fließend Deutsch sprechen. Das sind Deutsche mit ausländischen Wurzeln, Aussehen und Namen.

Wir müssen uns jeden Menschen und seine Situation ganz individuell anschauen. Darum ab heute bitte keine Vorurteile mehr gegenüber bestimmten Zielgruppen.

Der indische SAP-Spezialist mit Deutschkenntnissen

>> Wir suchten schon länger für einen Kunden einen SAP Produktspezialisten. Für einen top qualifizierten Bewerber, der vor einigen Jahren aus Indien nach Deutschland gezogen war, bekamen wir ohne weitere Begründung eine Absage. Auch die Inhouse Recruiterin konnte nichts machen. Wochen später hatte ich einen Recruitingworkshop bei diesem Kunden und kam in der Kaffeepause mit einer Führungskraft ins Gespräch. Sie klagte, wie schwierig es sei, gute Mitarbeiter:innen zu finden. Es stellte sich heraus: Er war die Führungskraft, die dem Bewerber aus Indien ohne Begründung abgesagt hatte. Ich sprach ihn darauf an und er konnte sich auch noch erinnern. Er meinte: »Ach, der aus Indien. Da habe ich nur das Foto gesehen und direkt auf »Absage« geklickt. Der konnte ja kein Deutsch«.

Das stimmte aber nicht, der Kandidat sprach sehr gut Deutsch, worauf ich im Dossier auch extra hingewiesen hatte. Als ich die Führungskraft auf ihren Irrtum aufmerksam machte, wollte sie den Bewerber unbedingt kennenlernen, denn nach dem Blick auf den Lebenslauf sah sie, dass er wirklich ausgezeichnet passen würde. Aber der Bewerber hatte zu dem Zeitpunkt schon drei andere Jobangebote und konnte sich, als ich ihn nochmal für meinen Kunden anfragte, mir gegenüber ein Lachen nicht verkneifen.

Good Tag, mei Name is Lenni.

Do you speak German?

Ein ganz heißes Eisen in deutschen Unternehmen sind, wie gerade schon gesehen, die Deutschkenntnisse ausländischer Bewerber:innen. Es werden in der Regel sehr gute Deutschkenntnisse zum Zeitpunkt des Berufseinstiegs erwartet – mit der Argumentation der besseren Integration in den Unternehmensalltag. Das ist auch völlig richtig und nachvollziehbar. Es gibt wenig Schlimmeres als eine ausländische Mitarbeiterin, die ihre Heimat und Familie verlassen hat, um nun in einer fremden Kultur und Umgebung selbst in der Kaffeeküche allein zu stehen, weil niemand sich traut, mit ihr Englisch zu reden. *Am Ende verhält es sich mit der Sprache aber wie mit Arbeitszeit und -ort: Je flexibler Unternehmen sind, umso einfacher ist das Recruiting.* Unternehmen mit der Arbeitssprache Englisch steht der gesamte Erdradius zur Verfügung. *Es ist für einige Unternehmen definitiv eine Überlegung wert, die Arbeitssprache zumindest mittelfristig auf Englisch umzustellen* und den deutschen Arbeitnehmer:innen einen Sprachkurs zu spendieren.

Eine weitere, nicht ganz so radikale *Maßnahm*e für das erfolgreiche Recruiting von ausländischen Fachkräften *liegt schlicht und ergreifend darin, nicht darauf zu bestehen, dass diese anfangs die deutsche Sprache beherrschen*, sondern durch Unterstützung dafür zu sorgen, dass sich dies im Laufe der Zeit ändert. Dazu gibt es eine Podcastfolge[13] mit Chris Pyak, der jahrelang Menschen aus dem Ausland bei ihrer Jobsuche in Deutschland gecoacht hat. Er macht deutlich, *dass sich ausländische Fachkräfte in allen für sie interessanten Ländern bewerben und erst dann die Sprache des Landes lernen, wenn sie dort einen Job bekommen haben.* Was auch logisch ist, da sie ja ansonsten parallel bspw. Englisch, Spanisch, Französisch und Deutsch lernen müssten, abhängig davon, in wie vielen Ländern sie sich beworben haben.

> **Die Erwartungshaltung deutscher Arbeitgeber, ausländische Bewerber:innen müssten die deutsche Sprache schon während des Bewerbungsprozesses (sehr) gut beherrschen, ist utopisch.**

Weil es für nichts eine Garantie gibt, lässt sich auch nicht garantieren, dass eine ausländische Fachkraft nach ihrem Jobantritt schnell die deutsche Sprache beherrscht. Aber die Möglichkeit existiert und deswegen sollte sie auch von beiden Seiten genutzt werden.

---

13   *https://www.hzaborowski.de/2023/10/18/
      klare-worte-zum-internationalen-fachkraeftemangel*

Ohne klares Anforderungsprofil ist jede Personalauswahl ein Stochern im Nebel.

Das Anforderungsprofil als Grundlage von allem

Ohne ein klar definiertes Anforderungsprofil gibt es keine gute Personalauswahl. Viele Führungskräfte haben schlechte Anforderungsprofile für ihre offenen Positionen. In ihnen steht z. B. »Studium der Fachrichtung X«, »fünf Jahre Berufserfahrung mit Schwerpunkt Y« und »sehr gute Fachkenntnisse in Z«. Diese Anforderungen bringen uns aber nicht zu einer guten Personalauswahl.

In einem guten Anforderungsprofil wird festgehalten, *welche Aufgaben die zukünftige Stelleninhaberin unbedingt erledigen muss, wie sie diese idealerweise ausführen sollte und welche Fähigkeiten, Eigenschaften und persönliche Werte dafür notwendig sind.* Schauen wir uns das mal im Detail an.

Fähigkeiten & Eigenschaften

In der Regel besteht jeder Job hauptsächlich aus einer Handvoll Kernaufgaben, die durch kleinere, unregelmäßig auftretende Aufgaben ergänzt werden. *Am besten identifizieren wir diese Kernaufgaben, indem wir in Erfahrung bringen, was konkret die aktuellen Mitarbeiter:innen den ganzen Tag über tun.*

Wir nehmen also echte Beispiele aus der Praxis und laufen damit nicht Gefahr, Tätigkeiten ins Anforderungsprofil aufzunehmen, die es in dem Job nicht gibt. Handelt es sich um einen neu geschaffenen Job, sollten wir uns mit eignungsdiagnostischer Expertise durch den Prozess einer sauberen Anforderungsanalyse führen lassen.

Spielen wir das mal durch. Identifizierte Kernaufgaben für einen Job im Vertrieb könnten bspw. sein:

- Neukunden akquirieren
- Bestandskunden pflegen
- CRM-System pflegen
- Vertragsverhandlungen durchführen

Die nächste Überlegung ist, *mit welchen konkreten Tätigkeiten diese Aufgaben umgesetzt werden.* Für unser Vertriebsbeispiel ließen sich bei der Kernaufgabe »*Neukunden akquirieren*« bspw. folgende, damit verbundenen Aufgaben identifizieren:

- Hausbesuche
- Cold Calls
- Messebesuche
- Social-Media-Werbung
- Flyerverteilung in der Fußgängerzone

Dabei kann es sein, dass theoretisch alle Vertriebswege in Frage kämen, sich die Führungskraft aber auf bestimmte, aus ihrer Sicht und Erfahrung am besten funktionierende Vertriebswege fokussiert.

Zum Schluss müssen wir überlegen, wie die einzelnen Tätigkeiten konkret ausgeführt werden sollten, um den Job erfolgreich erledigen zu können. Denn aus dem »wie« ergibt sich *welche Fähigkeiten und Eigenschaften der Mensch, der diese Stelle besetzen soll, mitbringen muss.*

Bleiben wir bei unserem Vertriebsbeispiel könnten wir zum folgenden (Teil-)Ergebnis kommen:

Tätigkeit: Hausbesuche, die selbst organisiert werden müssen – Nötige Fähigkeiten und Eigenschaften:

- Organisationsvermögen
- Flexibilitätsorientierung
- Sympathisches Aussehen / Auftreten
- Empathie
- Hohe Frustrationstoleranz
- Ehrgeiz

Tätigkeit: Cold Calls nach vorgegebenem Skript –
Nötige Fähigkeiten und Eigenschaften:

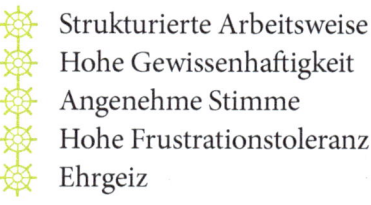

- Strukturierte Arbeitsweise
- Hohe Gewissenhaftigkeit
- Angenehme Stimme
- Hohe Frustrationstoleranz
- Ehrgeiz

Wir können also von einem Job systematisch die Aufgaben und die gewünschten Fähigkeiten und Eigenschaften ableiten, um ein Anforderungsprofil zu erstellen, das klar definiert, was jemand für die erfolgreiche Ausübung des Jobs mitbringen sollte. Die folgende Grafik zeigt beispielhaft einen Ausschnitt eines Anforderungsprofils für eine/n Nachhaltigkeitsmanager:in. Das Anforderungsprofil wurde mit der Vorlage des HR Start-ups Aivy[14] erstellt.

Eine weiteres sehr gutes Verfahrung zur Definition der benötigten Eigenschaften ist das Bochumer Inventar zur berufsbezogenen Persönlichkeitseigenschaften (BIP) mit dem dazugehörigen Anforderungsmodul.[15]

---

14 *https://www.aivy.app*

15 *https://www.testzentrale.de/shop/bochumer-inventar-zur-berufsbezogenen-persoenlichkeitsbeschreibung-6-faktoren-anforderungsmodul.html*

ANFORDERUNGSPROFIL

Stelle: Nachhaltigkeitsmanager (m/w/d)

H Zaborowski

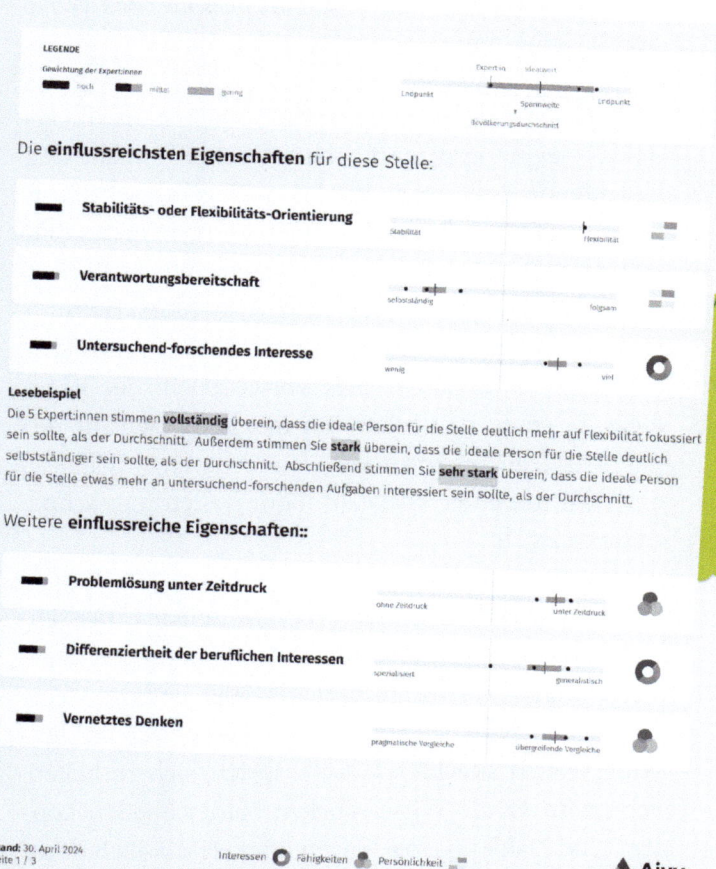

LEGENDE

Gewichtung der Expert:innen: hoch, mittel, gering

Expert:in, idealwert
Endpunkt — Spannweite — Endpunkt
Bevölkerungsdurchschnitt

Die **einflussreichsten Eigenschaften** für diese Stelle:

Stabilitäts- oder Flexibilitäts-Orientierung
Stabilität — Flexibilität

Verantwortungsbereitschaft
selbstständig — folgsam

Untersuchend-forschendes Interesse
wenig — viel

Lesebeispiel

Die 5 Expert:innen stimmen **vollständig** überein, dass die ideale Person für die Stelle deutlich mehr auf Flexibilität fokussiert sein sollte, als der Durchschnitt. Außerdem stimmen Sie **stark** überein, dass die ideale Person für die Stelle deutlich selbstständiger sein sollte, als der Durchschnitt. Abschließend stimmen Sie **sehr stark** überein, dass die ideale Person für die Stelle etwas mehr an untersuchend-forschenden Aufgaben interessiert sein sollte, als der Durchschnitt.

Weitere **einflussreiche Eigenschaften::**

Problemlösung unter Zeitdruck
ohne Zeitdruck — unter Zeitdruck

Differenziertheit der beruflichen Interessen
spezialisiert — generalistisch

Vernetztes Denken
pragmatische Vergleiche — übergreifende Vergleiche

Interessen ● Fähigkeiten ● Persönlichkeit ▬

▲ Aivy

Fachwissen

Neben der Frage, wie jemand eine Aufgabe ausführt, gibt es noch zwei andere wichtige Personalauswahl-kriterien – das *Fachwissen* und die *persönlichen Werte* der Bewerber:innen.

Wenngleich sich *Fachwissen* aneignen lässt und dieses daher – eignungsdiagnostisch betrachtet – nicht DIE bedeutende Rolle spielt, die ihr oft gegeben wird, sollten wir trotzdem danach fragen, um uns ein klares Bild zu verschaffen, wo der Bewerber steht. Wissenslücken bei dem Bewerber dürfen kein Ausschlusskriterium sein, sofern sie nicht zu groß sind. Klar ist, dass sich jemand ohne medizinisches Vorwissen in der Regel nicht in wenigen Wochen das nötige Wissen für die Intensivpflege aneignen kann (und darf), was bei jemandem mit einer Pflegeausbildung allerdings schon anders aussieht.

Von Belang ist, wie der Bewerber mit seiner Unwissen-heit umgeht. Wenn er schlüssige Vermutungen über die richtigen Antworten herleitet oder konkrete Vor-stellungen davon hat, auf welche Weise er sich das feh-lende Wissen aneignen könnte, sprich, sich zu helfen weiß, wird er die Wissenslücken bald schließen kön-nen. Und Dank unserer Fragen können wir auch dazu beitragen, indem wir ihn bei Einstellung direkt die not-wendigen Schulungen absolvieren lassen.

Werte

Die persönlichen Werte sind ein weiterer wesentlicher Aspekt bei der Personalauswahl. Werte sind bspw.

- Ehrlichkeit
- Vertrauen
- Leistung
- Loyalität
- Wunsch nach Status

Anders als Fachwissen, das sich einfach erwerben lässt, lassen sich Werte nicht einfach erlernen oder ändern. Wenn es hier schon am Anfang nicht passt, wird sich das auch später eher selten ändern. Hier sollten wir uns auf keine Experimente einlassen und keine Abstriche bei unseren Anforderungen machen. Die Werte eines Menschen sollten sowohl zum eigentlichen Job als auch auf das Unternehmensumfeld passen. Wem z.B. Leistung und die Anerkennung von Leistung wichtig ist, wird sich in einem Job, in dem die individuelle Leistung nicht gemessen und wertgeschätzt wird, nur schwer motivieren können. Wem Nachhaltigkeit ein persönliches Anliegen ist, wird sich in einem nicht nachhaltig agierenden Unternehmen nicht wohl fühlen, selbst wenn der Job perfekt zu ihm passt.

Ist das Anforderungsprofil einmal sauber erstellt, können wir daraus sinnvolle Fragen ableiten, die wir genauso allen Bewerber:innen stellen.

„Zum Zeitpunkt des ersten Interviews befinden wir uns auf dem dünnen Drahtseil des flüchtigen Augenblicks. Hier kann alles passieren.

Das Interview

Es gibt für die Personalauswahl zwar diverse eignungs-diagnostische Instrumente wie Assessment Center, Testverfahren, Arbeitsproben und auch Probearbeiten, aber *das Bewerbungsinterview ist in der Praxis immer noch das meistgenutzte Instrument*, das, obwohl es so banal zu sein scheint, viele Chancen, aber auch Risiken mit sich bringt.

Chancen & Risiken

In einem Interview sitzen, je nach Konstellation, mindestens zwei fremde Menschen für 1 – 1½ Stunden zusammen, um anschließend eine Entscheidung zu treffen, die einige Jahre Bestand haben soll. Im Interview entscheidet sich, ob die Führungskraft die Bewerberin für den Job interessieren, sie von sich als zukünftigen Chef überzeugen kann und ob die Bewerberin für den Job geeignet ist, was idealerweise zur schnellen Einstellung führt – und eine Verzögerung der Besetzung um weitere Wochen vermeidet. *Das Interview ist also DAS wesentliche Momentum für den weiteren Verlauf des Einstellungsprozesses.*

In der Regel sind die Hiring Manager:innen aber eher Amateure in der Interviewführung und die Bewerber:innen keine Bewerbungsprofis. ***Zudem unterliegen alle Beteiligten ihrer individuellen Tagesform*** (schlechter Biorhythmus, persönliche Probleme, Hunger, Suppenkoma, gedanklich schon im Feierabend etc.). Der Zeitpunkt des Interviews beeinflusst selbiges ebenso wie das Wetter oder die persönliche Stimmung aller Anwesenden. ***Interviews sind also sehr fehleranfällig und sollten gut vorbereitet werden.*** Die Zeiten, in denen Führungskräfte verspätet zum Gesprächstermin kommen können und sich die Lebensläufe, anstatt diese im Vorfeld durchgearbeitet zu haben, von den Bewerber:innen wiedergeben lassen, sind vorbei.

Das Prinzip
guter Interviewfragen

Um im Interview strukturiert sinnvolle Fragen stellen zu können, müssen wir uns vorbereitend einen Fragenkatalog erarbeiten. Dazu hilft uns das zuvor erstellte Anforderungsprofil, durch das wir genau wissen, welche Aufgaben und welche Situationen in diesem Job auf die Bewerberin warten. ***Wir formulieren also erst einmal nur auf die Tätigkeit bezogene Fragen.*** Diese Fragen können und sollten wir universell allen Bewerber:innen stellen. Gleichzeitig müssen wir uns darüber ***Gedanken machen, was (sehr) gute und (sehr) schlechte Antworten sind***, damit wir die Antworten der Bewerber:innen einordnen können.

Vor dem Interview lesen wir den Lebenslauf noch einmal in Ruhe, arbeiten ihn kurz durch und notieren uns ***die individuellen Fragen*** für diese eine Bewerberin. Das dauert nur ein paar Minuten. Folgende Fragen könnten wir uns dabei selbst stellen:

- ⚙ Was gefällt uns am Werdegang besonders gut?

- ⚙ Was sehen wir kritisch und
  worauf sollten wir tiefer eingehen?

❄ Wo gibt es Überschneidungen oder Parallelen, die für eine besondere Eignung der Bewerberin sprechen könnten?

❄ Welche Aspekte des Werdegangs könnten ein guter Einstieg ins Interview sein?

❄ Welche Informationen fehlen uns noch, um ein runderes Bild von der Person zu bekommen?

Mit diesen Notizen / Fragen als Ergänzung zu unserem Fragenkatalog sind wir nun optimal gerüstet, um ein gut strukturiertes Interview zu führen.

Mit unseren Fragen gehen wir dann vom Allgemeinen ins Spezielle. *Eine Bezeichnung für dieses Vorgehen ist die STAR-Methode (Situation, Task, Action, Result).* Wir fragen die Bewerberin bspw., ob sie schon einmal an der Haustür etwas verkauft hat. Bejaht sie, fragen wir nach, wie die Situation war, was sie genau getan hat und zu welchem Ergebnis ihr Handeln geführt hat. Im Anschluss vergleichen wir die gegebenen Antworten mit unseren verschiedenen Antwortmöglichkeiten und ordnen sie ein.

Vielleicht versteht eine Bewerberin unter »Haustürverkauf«, wahllos Werbeprospekte in Briefkästen zu werfen und bejaht daher unsere Frage. Wir könnten jetzt einen Haken machen, »Anforderung erfüllt«.

Besser ist, wir fragen nach, was genau sie beim Haustürverkauf bisher gemacht hat und erfahren dadurch, dass sich ihre Vorstellung von Haustürverkauf nicht mit unserer deckt. Eine andere Bewerberin könnte auf unsere Nachfrage, wie sie einen Haustürverkauf durchführt, antworten, dass sie vorher recherchiert, in welchen Stadtteilen die Produktzielgruppe wohnen könnte, sie sich dann einen genauen Routenplan erstellt, ein Fragenskript zur allgemeinen Bedarfsermittlung vorbereitet, sich selbst ein Ziel von 20 Haustürgesprächen in vier Stunden setzt und mit den potenziellen Kunden bei Interesse einen weiteren Termin vereinbart. Ob das eine gute Antwort ist, wissen wir, wenn wir unseren Fragen- und Antwortkatalog vor uns (oder im Kopf) haben.

Das gleiche Prinzip gilt für alle Aufgaben / Tätigkeiten, die für diesen Job wichtig sind. *Und wir können das Prinzip bis ins Kleinste durchspielen.* Im Beispiel der strukturiert vorgehenden Bewerberin könnten wir fragen, welche Fragen sie zur Bedarfsermittlung stellen würde und warum, wie sie mit einem »Nein« des Interessenten umgeht oder wie sie einen Folgetermin vereinbart. Aus ihren Antworten erfahren wir bspw., dass sie dem Interessenten ihre Karte überreicht und diesen um einen Rückruf in den nächsten Tagen bittet. Die ideale Antwort aus unserer Sicht wäre aber, dass sie sich die Kontaktdaten des potenziellen Kunden geben lässt, um am nächsten Tag selbst anzurufen. Wir könnten jetzt noch einmal nachhaken und fragen, ob sie sich auch noch eine andere Art der Folgeterminvereinbarung vorstellen kann oder wie hoch ihre Erfolgsquote bei ihrem Vorgehen ist.

Was machen wir, wenn die Bewerberin unsere Frage verneint? Dann fragen wir, wie sie denn vorgehen würde. Aus der Antwort zeigt sich, wie gut das Verständnis der Bewerberin für die Aufgabe ist, wie gut sie mitdenken kann und ob ihre voraussichtlichen Aktionen unseren Vorstellungen entsprechen. Und mit Folgefragen können wir wieder tiefer ins Thema gehen.

Ich denke, das Prinzip ist klar geworden. ***Das gleiche Prinzip können wir für die Abfrage von Fachwissen und Werten anwenden.*** Gerade bei den Werten ist es wichtig, genau nachzufragen. Was meint die Bewerberin bspw. mit der Formulierung »Führung an der langen Leine« genau? Wie sieht das konkret aus? Ein kurzes Meeting in der Woche? Oder eins im Monat? Welche Vorstellung von Führung hat sie und wie definiert sie persönlich gute / schlechte Führung?

> **Gute Personalauswahl und gute Interviewführung sind keine Kunst, sondern nachvollziehbares und erlernbares Handwerk.**

Sinnlose Interviewfragen

Es gibt leider immer noch viele sinnlose Fragen in Vorstellungsgesprächen, die als Klassiker ihr Dasein in deutschen Personalabteilungen fristen, von Bewerbungsratgebern am Leben gehalten werden und es manchmal sogar in die Zeitung schaffen. Hier die Top Vier, inklusive Erklärung, warum sie uns nicht weiterhelfen:

 Warum haben Sie sich bei uns beworben?

Die richtige Antwort eines Bewerbers auf diese Frage ist: »Weil Sie die Stelle ausgeschrieben haben«. Diese Antwort geben höfliche Bewerber aber nicht, da sie wissen, die Frage ist anders gemeint. Der Arbeitgeber möchte hören, warum ausgerechnet *sein Unternehmen* so attraktiv für den Bewerber ist und warum er unbedingt bei ihm arbeiten will. Nur weiß der Bewerber zu diesem Zeitpunkt noch nicht, ob er wirklich dort arbeiten will und wenn ja, warum. Schließlich weiß er noch gar nicht viel über das Unternehmen und den Job. Er weiß lediglich, was auf der Karriereseite und in der

Stellenanzeige steht, aber da steht ja bekanntlich auch nicht immer alles.

Das Problem ist, dass intelligente Bewerber:innen sich eine Antwort überlegt haben, die sozial erwünscht ist, aber nicht unbedingt die wirklichen Gründe für die Bewerbung offenbart.

> Sie, Firma Schrott, sind die tollsten und besten.
> Schon immer wollte ich bei Ihnen Software testen.
>
> Recruiterslambeitrag 2018

Wir kommen mit dieser Frage also keinen Schritt weiter, denn die Wahrheit erfahren wir so nicht. Ganz anders sieht es aus, wenn wir die Frage minimal ändern, indem wir das »bei uns« weglassen oder wir noch offener formulieren: »*Warum sitzen wir hier? Was ist Ihre Motivation für einen möglichen Jobwechsel?*« Jetzt muss niemand mehr sozial erwünscht antworten. Ob die Bewerber:innen wahrheitsgemäß antworten, wissen wir natürlich trotzdem nicht sicher. Aber die Wahrscheinlichkeit, eine ehrlichere Antwort zu erhalten, ist deutlich höher.

Falls wir jetzt ein leichtes Unbehagen spüren, weil wir doch eigentlich schon auch gerne hören möchten, dass unser Job / Unternehmen toll ist, *sollten wir uns heute Abend einmal liebvolle Bestätigung von unseren Partnern / Freunden holen.* Die sind dafür die richtige Adresse. Bewerber:innen dagegen sind nicht dazu da, unser Selbstwertgefühl aufzubauen. Vielleicht finden sie uns wirklich ganz toll, dann werden sie das auch sagen. Die Wahrheit ist aber auch, dass sich die meisten Menschen ganz viele Unternehmen als Arbeitgeber vorstellen können und die Entscheidung eher an trivialen Dingen festmachen wie Länge des Arbeitsweges, Flexibilität der Arbeitszeiten, einem guten Gefühl und wer am schnellsten ein vernünftiges Vertragsangebot mit angemessenem Gehalt macht.

 ### *Was sind Ihre Stärken und Schwächen?*

Angenommen, wir sind auf der Suche nach einer/m Partner:in und sehen im Café jemanden, den wir gerne kennenlernen möchten. Wie gehen wir vor? Wir werden uns von unserer besten Seite zeigen wollen. Das Letzte, das wir bei einer ersten oder zweiten Begegnung tun werden, ist zu erzählen, dass wir nachts schnarchen, gerade arbeitslos sind und keine Freunde haben. *Warum glauben wir also, dass uns Bewerber:innen ihre Schwächen nennen? Genau, das ist völliger Blödsinn.* Wir werden auf diese Frage also wieder eine (aus dem Bewerbungsratgeber empfohlene) Schwäche hören, die eigentlich eine Stärke ist, wie Ungeduld oder manchmal zu hohe Leistungsbereitschaft.

Bei den Stärken sieht es etwas anders aus, aber grundsätzlich bringt uns die Frage und die Antwort darauf auch nicht weiter. Die Bewerber:innen werden sich bspw. als »führungsstark«, »teamfähig« oder »belastbar« beschreiben. Diese Antworten geben uns höchstens eine grobe Orientierung, weil wir nicht wissen, was der Bewerber bspw. unter »Führungsstärke« versteht und mit wem er sich vergleicht, wenn er »Belastbarkeit« als Stärke aufzählt. Insofern können wir sie auch gleich lassen und lieber mit fundierten Testverfahren arbeiten.

 ### *Wo sehen Sie sich in fünf Jahren?*

Abgesehen davon, dass niemand weiß, was morgen ist, geschweige denn in fünf Jahren, kann ein Bewerber bei dieser Frage eigentlich nur verlieren. Antwortet er, sich im selben Job arbeiten zu sehen, könnte er als ambitionslos und wenig leistungsorientiert eingestuft werden. Antwortet er hingegen, sich in einer Führungsposition zu sehen, könnte die Führungskraft entweder befürchten, ihren Job zu verlieren oder nach drei Jahren den Mitarbeiter. Da wir auch als Führungskraft nicht in die Zukunft sehen können und Bewerber:innen mit dieser Frage verunsichern, weil sie keine falsche, unerwünschte Antwort geben wollen, sollten wir darauf verzichten, diese Frage zu stellen.

Wie würden Sie sich mit einem Wort beschreiben?

Was soll das? Niemand kann sich mit einem Wort beschreiben. So einseitig ist kein Mensch. In diese Kategorie fallen auch die Fragen nach dem Tier oder Getränk, das wir gerne wären. Fragen, die in diese Kategorie fallen sind sinnlos (und in meinen Ohren nicht mal lustig).

Hinter diesen vier (und ähnlichen) Fragen verbirgt sich eine große Ahnungs- und Ideenlosigkeit der Interviewer:innen. Diese Fragen werden von Generation zu Generation weitergereicht und aus Anfragen und Gesprächen für Recruitingtrainings entnehme ich, dass *für viele Personaler:innen und Führungskräfte ein Interview eine Art Geheimnis zu sein scheint, für das man nur den einen, entscheidenden Schlüssel braucht.* Und alle suchen diesen Schlüssel und vermuten ihn in komischen Fragen, die irgendwie weise oder ausgefallen klingen. Genau das ist aber nicht der Fall. Zum Glück.

> **Es gibt nicht die EINE (magische) Superfrage, mit der sich ganz sicher herausfinden lässt, ob ein Bewerbender 100 % passt oder nicht.**

Genauso wenig, wie es eine Garantie gibt, immer den richtigen Bewerber auszuwählen.

Das Wesen guter Interviewer:innen

Noch vor einigen Jahren war es gängige Methode, Bewerber:innen im Rahmen sogenannter Stressinterviews, gezielt unter Druck zu setzen. Das lief dann etwa wie folgt:

»Frau Schulze, was war los bei der Meier GmbH?
Hier steht, Sie waren nur 4 Jahre da.
Und jetzt folgen 5 Monate Lücke.
Wie kommt das bloß?
Sind Sie jetzt etwa arbeitslos?
Ach, Weiterbildung, ja klar.«

(Auge, meine Beste. Da zieh ich die
Daumenschrauben so richtig feste.)

»Das Zeugnis von Meier liest sich ja nicht so doll.
Die waren mit ihrer Leistung nur voll, aber nicht
außerordentlich zufrieden.«

(Wie sie sich windet. Die Frage hätte
sie gerne vermieden.)

»Nun Schulze, was ist los? Nicht stressresistent?«

(Wenn sie wüsste, dass mein Chef
den alten Meier gut kennt).

Recruiterslambeitrag 2018

Heute ließe sich dies kaum noch eine Bewerberin bieten. Das ist aber nicht das entscheidende Argument gegen Stressinterviews. Sondern es ist schlichtweg sinnlos und irreführend, als »harter Interviewer« mit ausdrucksloser Miene, bohrende Fragen zu stellen und mehr als deutlich zu machen, wer im Interview der (vermeintlich) Stärkere ist.

Interessanterweise empfiehlt uns die Eignungsdiagnostik genau das Gegenteil. In seinem absolut empfehlenswerten Standardwerk »Das Einstellungsinterview« beschreibt die Eignungsdiagnostikkoryphäe Prof. Dr. Heinz Schuler die Merkmale eines guten Interviewers wie folgt:

- Herzliches, engagiertes Wesen
- Sensibilität in sozialen Situationen
- Angemessene Intelligenz
- Analytisches Denken und kritisches Urteil
- Anpassungsfähigkeit
- Persönliche Reife

»Herzlich, engagiertes Wesen« liest sich nicht wie knallharter Cop mit Killerblick, oder? Meines Erachtens stecken dahinter mehrere, im Folgenden aufgeführte, sehr wichtige und richtige Gedanken.

Das Leben ist komplex

Es hält sich immer noch die Illusion, dass Karrieren (und das Leben) planbar sind, erfolgreiche Menschen also einen guten Plan haben und diesen auch umsetzen, während erfolglose Menschen planlos durchs Leben gehen oder eben kein Leistungsträger sind. So funktioniert das Leben aber nicht. Das weiß eine gute Interviewerin mit »persönlicher Reife« aus eigener Erfahrung. Daher urteilt sie nicht vorschnell im Falle (zu) häufiger Jobwechsel, Karrierebrüchen oder herausragender Erfolge, sondern lässt sich vom Bewerber die Hintergründe erklären und bewertet erst dann.

Drei Kündigungen in der Probezeit

>> Wir suchten einen Leiter IT-Support und vor mir saß ein alleinverdienender Familienvater, dessen letzten drei Jobs jeweils in der Probezeit beendet wurden. Natürlich sprach ich ihn darauf an und bat ihn, mir das mal zu erklären. Er meinte: »Danke, dass ich überhaupt zum Gespräch eingeladen wurde, denn ich weiß ja selbst, wie diese drei kurzen Stationen wirken. Ich kann auch verstehen, wenn sie mir nicht glauben. Bei meinem ersten Jobwechsel hatte ich eine Kündigungsfrist von sechs Monaten. Ich sollte beim neuen Arbeitgeber die IT-Transformation verantworten. Als ich dort aber nach sechs Monaten anfing, gab es einen neuen Geschäftsführer mit einer anderen IT-Strategie, für die ich nicht gebraucht wurde. Also wurde mir gekündigt. Als Alleinverdiener und unerfahren mit so einer Situation, nahm ich schnell das nächstbeste Angebot an. Hätte ich mir etwas mehr Zeit für die Prüfung gelassen hätte ich gemerkt, dass das Unternehmen kurz vor der Insolvenz stand. Also wurde mir insolvenzbedingt wieder in der Probezeit gekündigt. Beim nächsten Job ließ ich mir etwas mehr Zeit, aber dann stellte sich heraus, dass meine direkte Führungskraft und ich nicht miteinander konnten und ich entschied mich für die Kündigung. Und jetzt bekomme ich fast überall ohne ein Gespräch Absagen, weil mein Lebenslauf ruiniert ist.«

Wie man in den Wald hineinruft

Die Erfahrung zeigt, dass sich Menschen, *denen wir offen, ehrlich und respektvoll begegnen, auch uns gegenüber so verhalten.* Da wir gerne einen Eindruck von der echten Person bekommen möchten, sollten wir also selbst herzlich, offen und ehrlich sein. Dann ist die Wahrscheinlichkeit hoch, dass es uns der Bewerbende gleichtut, wenn gleich es natürlich auch Ausnahmen gibt (wer verzweifelt den Job braucht, wird uns alles erzählen, was wir vermeintlich hören wollen). Wir sollten also nicht blind alles glauben. Trotzdem würde es uns allen guttun, unserem Gegenüber grundsätzlich Vertrauen entgegenzubringen.

Der Mann, der den Job nicht wollte

>> Ich selbst war mit meiner ersten Selbstständigkeit krachend gescheitert und nun verzweifelt auf Jobsuche. Zu dem Zeitpunkt hatte ich knapp vier Jahre Berufserfahrung, die meiste Zeit davon als Selbstständiger. Trotzdem sprach mich ein renommiertes Unternehmen für die Position des Leiter Recruiting an. Ich war überrascht, signalisierte aber natürlich Interesse. Ich war insgesamt vier Mal vor Ort zu Gesprächen. Das Bürogebäude hatte den Charme eines Gefängnisses, die Region war (in meinen Augen) hässlich und die Unternehmensvertreter betonten die starren Strukturen im Unternehmen. Alles widersprach meinen Vorstellungen. Meine Frau wollte eigentlich nicht aus Bremen wegziehen und ich konnte sie unmöglich in diese hässliche Stadt holen. In mir schrie alles »Ich will diesen Job nicht.«, aber ich brach den Prozess nicht ab. Dann wurde ich gefragt, ob ich im Rahmen der üblichen Jobrotation bereit bin, nach zwei Jahren für einen anderen Job an einen anderen Standort zu ziehen. »Auf gar keinen Fall.«, dachte ich, »Meine Frau bringt mich um!« Aber meine Antwort war »Ja, natürlich, das gehört doch dazu.« – denn ich brauchte dringend einen Job. Am Ende sagte mir das Unternehmen mit der Begründung, ich sei für sie zu kreativ. Mir fiel ein Stein vom Herzen. Ich hätte den Job angenommen, aber ich wäre dort nicht glücklich geworden.

Bewerber:innen sind keine Bewerbungsprofis

Ein Jobinterview ist immer eine konstruierte Situation. Es ist nicht ganz einfach, daraus ein lockeres, informelles Gespräch zu machen. Einem Interviewer *mit Sensibilität und Anpassungsfähigkeit* gelingt es besser, diese künstliche Situation in ein angenehmes Gespräch zu verwandeln, vor allem, wenn der Bewerber besonders nervös ist oder irgendetwas schiefläuft, er z.B. wegen eines Zugausfalls zu spät kommt, einen Blackout hat, es beim Video-Call technische Probleme gibt oder im Hintergrund Kinder schreien.

Aber auch wenn die Umstände passen, sind die meisten Bewerber:innen keine Bewerbungsprofis und machen folglich »Fehler«, verhalten sich also nicht so, wie es die Arbeitgeberseite erwartet. Erfahrene Interviewer:innen können dies einordnen und übertragen ein »nicht ganz optimales Verhalten im Bewerbungsprozess« nicht automatisch auf das Arbeitsverhalten oder die Eignung des Bewerbers. Da kann es Parallelen geben, muss es aber nicht, wie folgende Beispiele zeigen.

Der Mann, der spät antwortet

>> Ein Kunde war nach drei Gesprächen von einem Bewerber fachlich und persönlich sehr angetan. Trotzdem zögerte er mit einem Vertragsangebot. Auf dieses Zögern von uns angesprochen meinte er, der Kandidat würde nur sehr langsam und verzögert auf E-Mails antworten und wäre auch telefonisch nicht zu erreichen. Der Kunde übertrug dieses Verhalten auf den Arbeitskontext und vermutete, dass der Bewerber auch als zukünftiger Mitarbeiter spät auf E-Mails und Telefonanrufe reagiert, was in dem Job aber nicht funktionieren würde. Die Vermutung lag nahe, die Realität war aber eine andere, wie sich durch Nachfrage von uns beim Bewerber herausstellte. Er arbeitet konzentriert und fokussiert in seinem Job und reagiert daher während der Arbeitszeit nicht auf private Anrufe oder E-Mails. Auch würde er ganz grundsätzlich private E-Mails nicht täglich, sondern an festen Tagen abrufen. Deswegen verzögerten sich seine Reaktionen. Dieses Verhalten ist als Arbeitnehmer vorbildlich, als Bewerber führte es allerdings wie gesehen zu ungünstigen Missverständnissen.

Der Mann,
der noch eine Chance bekam

» Wir suchten einen zukünftigen Leiter IT, der als stellvertretender Leiter IT anfangen sollte, um dann den aktuellen Leiter IT abzulösen. Dieser ahnte allerdings nichts von seiner geplanten Ablösung. Das Thema war entsprechend heikel, weswegen der zukünftige Stelleninhaber neben der fachlichen Expertise auch diplomatisches Geschick und soziale Kompetenz mitbringen musste.

Wie der Zufall es wollte, hatte ich durch einen gemeinsamen Bekannten den perfekten Kandidaten. Dieser war gerade arbeitslos, weil er nach langer Betriebszugehörigkeit sehr unschön von seinem Arbeitgeber entlassen wurde. Das war schon einige Wochen her, aber so richtig überwunden hatte er seine Kündigung noch nicht. Er saß also im Gespräch und alles lief gut, er konnte fachlich überzeugen. Aber dann wurde er auf seine aktuelle Situation angesprochen und es brachen alle Dämme. Die nächsten 5 – 10 Minuten redete er sich in Rage, schimpfte über seinen alten Arbeitgeber und wie unfair er mit ihm umgegangen sei. Die beiden Führungskräfte und ich schauten uns nur an, ich versuchte ihm ein Zeichen zu geben, aber er schaute gar nicht auf und war wie im Tunnel. Nach dem Gespräch sagte mein Kunde nur zu mir: »Sehr schade, er wäre perfekt. Aber so einen Querulanten können wir nicht gebrauchen.« Der Kandidat hatte *das alles gar nicht wahrgenommen. Erst am nächsten Tag, als ich ihn darauf ansprach, wurde ihm alles bewusst und er bedauerte sein Verhalten zutiefst, zumal es ihm gar nicht entsprechen würde, wie er betonte. Er war über sich selbst erschrocken.*

Ich wollte die Geschichte nicht so enden lassen und sprach mit unserem gemeinsamen Bekannten, der bestätigte, dass der Kandidat das Gegenteil eines Querulanten ist. Er sei immer freundlich, zuvorkommend, hilfsbereit und für seine freundliche Art geschätzt. Also sprach ich noch einmal mit dem Kunden. Um es kurz zu machen: Er bekam die Chance, als externer Berater eine Ist-Analyse der IT-Landschaft zu machen. Dabei kam er überraschend gut mit dem aktuellen Leiter IT klar und wurde nach dem Projekt fest angestellt. Nach sechs Monaten wurde er bereits stellvertretender Leiter IT, nach einem Jahr Leiter IT – und blieb die nächsten 20 Jahre eine angesehene Führungskraft im Unternehmen.

Der Mann,
der sich verrannte

————————————

>> Ich wurde von einer Führungskraft einer Unternehmens-beratung zu einem Krisengespräch gebeten. Sie hatte einem Kandidaten ein Jobangebot als Teamleiter für ein internes Entwicklungsteam gemacht und den Arbeitsvertrag zuge-sendet. Im Gespräch lief noch alles gut, für den Kandidaten war die Position die gesuchte Weiterentwicklung, alle waren happy. Doch ein paar Tage später bekam die Führungskraft vom vermittelnden Personalberater eine E-Mail vom Kandi-daten weitergeleitet, in der dieser sich über das verbrecheri-sche Unternehmen beschwerte. Der Laden wäre für ihn durch. Das alles wäre eine Unverschämtheit. Die Führungskraft war völlig irritiert und bat den Kandidaten zu einem Klärungsge-spräch, mit mir an der Seite. Es stellte sich heraus, dass sich in dem Standardarbeitsvertrag ein Passus zur »internationalen Reisebereitschaft« befand. Im Gespräch war aber besprochen worden, dass diese Position keine Reisebereitschaft erfordert und der Kandidat auch definitiv nicht reisen wollte. Dazu kam, dass Arbeitsverträge in der Regel sehr sachlich und etwas verklausuliert geschrieben sind und der Kandidat im Vorfeld von seinem Bekanntenkreis komische Reaktionen bekommen hatte, wie er sich denn bei diesem Unternehmen, einer »gie-rigen Unternehmensberatung«, bewerben könne? Als er nun diesen Passus las, war es für ihn, als wenn seine Bekannten Recht hatten. Danach interpretierte er alle verklausulierten

Formulierungen als negativ für ihn und war überzeugt, dass er übers Ohr gehauen werden soll.

Wir konnten alle Missverständnisse aufklären und dem Kandidaten dämmerte im Gespräch, dass er völlig überreagiert hatte. Eigentlich wollte er diesen Job unbedingt. Aber er konnte jetzt nicht mehr zurück. Er hatte sich bereits bei seiner Frau und seinen Bekannten so über das Unternehmen aufgeregt und dieses schlecht gemacht, dass er jetzt unmöglich doch dort anfangen könnte. Was er sehr bedauerte. Er hatte sich einfach verrannt.

Nur nett zu sein reicht aber nicht

Verwechseln wir das Attribut »herzlich« aber bitte nicht mit der Herzlichkeit und bedingungslosen Liebe einer über alles hinwegsehenden Mutter oder der leichten Senilität eines ehrwürdigen Greises, der nicht mehr alles mitbekommt. Nett zu sein allein reicht nicht. Es ist EINE notwendige Fähigkeit, sich auf Menschen und Situationen einlassen und diese positiv gestalten zu können. *Die andere ist es, aus den Gesprächsinformationen die richtigen Schlüsse zu ziehen.* Deswegen sind »analytisches Denken und kritisches Urteil« so wichtig. Wir müssen das Gehörte kritisch hinterfragen, mögliche Ungereimtheiten identifizieren und nachfassen, Inkonsistenz ansprechen und nicht blind alles glauben. Klar in der Sache, aber freundlich und herzlich in Ton und Mindset.

Darüber, welche Erfahrungen Bewerber:innen im Interview machen, was sie erwarten und was Arbeitgeber daraus mitnehmen können, gibt die Studie »Die Wahrheit über Jobinterviews«[16] von Prof. Dr. Peter Wald und Christoph Athanas Aufschluss.

---

16   *https://www.stellenanzeigen.de/arbeitgeber/vorteile/studien/interview-experience-studie-2024/?utm_source=linkedin&utm_medium=paid_social&utm_campaign=b2b_interview-experience-studie&utm_content=Zaboriwski*

Setting & Ablauf

> Wir können auch in einem professionellen Setting schlechte Fragen stellen. Und an der Theke in der Kneipe sehr gute.

Aus dem vorherigen Kapitel können wir schon erahnen, dass ein Interview am besten in einer angenehmen Atmosphäre stattfinden sollte. Früher wurden Interviews in (mehr oder weniger schicken) Besprechungsräumen durchgeführt und hatten einen stark formellen Charakter. Es gab Kaffee und Wasser und die obligatorischen Kekse. Irgendwann kam der Trend auf, mit den Bewerber:innen erst einmal in die Kaffeeküche zu gehen, um sich dort den Cappuccino aus der Maschine zu ziehen. Das lockerte auf. Die damalige Leiterin Recruiting der Firma Ottobock, Charlotte von Riess und ihr Team, luden während der Corona Pandemie die Bewerber:innen zu einem gemeinsamen Spaziergang rund ums Firmengelände ein, was noch einmal eine ganz andere Atmosphäre und persönliche Offenheit auf beiden Seiten bewirkte.

Und genau das ist das Ziel: *eine lockere, offene Gesprächsatmosphäre* zu *schaffen*. Locker ist nicht dasselbe wie unprofessionell. Wir können in einer lockeren Runde sehr professionelle Fragen stellen und einen professionellen Eindruck vermitteln. Das ist auch in einem

Videocall möglich und fängt mit einem pünktlichen Erscheinen, einem freundlichen Lächeln in die Kamera, einem kurzen Smalltalk und viel Blickkontakt an.

Über die beste Struktur des Gesprächs gibt es unterschiedliche Meinungen. *Wir können erst einmal mit der Vorstellung der Interviewer:innen, des Unternehmens und des Jobs anfangen.* Das hat den Vorteil, dass die Bewerberin ein wenig zur Ruhe kommen kann, falls sie nervös ist, und sich gut abgeholt und informiert fühlt. Nachteilig ist, dass sie den Job jetzt schon etwas besser kennt und dann vielleicht so antwortet, wie sie glaubt, dass es am besten zum Job passt.

Die andere Variante ist, die Bewerberin, nach einer kurzen Vorstellung der Interviewer:innen, *zu fragen, was sie veranlasst, sich nach einem neuen Job umzuschauen.* Achtung, wir fragen nicht, warum sie sich bei uns beworben hat. Sondern warum sie grundsätzlich offen für einen Jobwechsel ist. Durch dieses Vorgehen erfahren wir etwas mehr über ihre aktuelle Situation sowie Motivation und können die Vorstellung des Jobs und des Unternehmens unsererseits entsprechend ihrer Antwort gestalten.

Wir sollten auf keinen Fall den Bewerber darum bitten, uns durch seinen Lebenslauf zu führen. Denn erstens haben wir den schon gelesen und idealerweise uns Punkte markiert, die uns besonders interessieren. Dann können wir da auch direkt einsteigen. *Und zweitens ge-*

ben wir mit diesem Vorgehen die Kontrolle über das Gespräch ab. Der Bewerber fängt schlimmstenfalls bei seinem Kindergarten an und erzählt 30 Minuten im Detail über seinen Werdegang. So einen Redefluss zu unterbrechen ist schwierig und unhöflich. Selbst die Formulierung »Führen Sie uns kurz durch Ihren Lebenslauf.« ist unscharf. Was ist kurz? Und auch bei einer klaren Vorgabe von z.B. 10 Minuten kann das in die Hose gehen. Wer hat schon ein Gefühl für 10 Minuten, erst recht in einer ungewohnten Situation wie einem Interview? Ist ausschweifendes Reden über den eigenen Werdegang ein Zeichen dafür, dass der Bewerber sich nicht kurzfassen kann? Das kann sein, muss aber nicht. Der Bewerber kann nur raten, wie viel Details wir wohl von ihm erwarten. Und wenn wir einen guten Eindruck vom Bewerber bekommen möchten, sollten wir ihn nicht raten lassen. Darum sollten wir diese für beide Seiten ungünstige Situation einfach vermeiden, in dem wir Stationen aus dem Lebenslauf aufgreifen und unsere Fragen stellen.

Unsere Standardfragen können wir irgendwo in der Mitte des Interviews ganz offen als Standardfragen ankündigen und die dadurch objektivere Personalauswahl betonen. Haben wir die Standardfragen durchgesprochen, können wir wieder zu den individuellen Fragen wechseln und sollten dem Bewerber natürlich auch noch die Gelegenheit für Rückfragen geben. Zum Schluss geben wir einen Ausblick, bis wann wir Feedback geben und wie der weitere Prozess aussehen könnte.

Dont's im Interview

Kununu ist voll von Berichten über unprofessionelle Interviewer:innen. Die Fehler abzustellen, ist einfach, wenn wir uns fragen, wie wir in einem Interview behandelt werden möchten. *Folgende Verhaltensweisen sind nicht oder nur schwer akzeptabel:*

- Zu spätes Erscheinen zum Termin
- Lebenslauf wurde offensichtlich nicht gelesen
- Telefonat führen / E-Mails abrufen / Raum verlassen
- Gedankenverloren aus dem Fenster schauen
- Kein Blickkontakt zu den Bewerber:innen
- 80 % Redeanteil nehmen
- Vereinbartes nach dem Interview nicht einhalten

Die Hauptregel ist ganz einfach: Wir sollten interessierte, neugierige Zuhörer:innen sein. Es geht um unsere zukünftigen Mitarbeiter:innen. Die Chance sollten wir bestmöglich nutzen.

Recruiting ist Aufgabe der Führungskraft

Ich komme zum Ende dieses Buches und möchte allen Führungskräften noch einen letzten wichtigen Tipp mitgeben: *Die Personalabteilung ist nicht für Deinen Recruitingerfolg zuständig.* Sie ist ja auch nicht für Deinen Job und Dein Leben verantwortlich. *Das bist Du selbst.* Wenn Du Deine offenen Positionen nicht besetzt, leidest Du und das Abteilungsergebnis darunter, nicht die Personalabteilung. Die bekommt höchstens Deine schlechte Stimmung ab, aber das kennt sie auch schon von anderen Abteilungen – damit kann sie leben. Natürlich erwartet niemand von Dir, dass Du ein Experte im Schalten von Stellenanzeigen wirst. *Aber mit folgenden Handlungsempfehlungen kannst Du Deinen Recruitingerfolg nachhaltig beeinflussen.*

Besser kommunizieren

Es fängt bei Stellenbeschreibungen an und hört nach dem Vorstellungsgespräch nicht auf: Sei so offen und ehrlich wie möglich in Deiner Kommunikation. Viele Stellenbeschreibungen sind lieblos geschrieben, voller hohler Phrasen und ohne echte Einblicke in den Job und das Arbeitsumfeld.

Das kannst Du ändern. Versuch den Job so zu beschreiben, wie er wirklich ist. Nicht, wie er schon seit 20 Jahren angepriesen wird.

Schreibe Informationen hinein, die Du bisher erst im Vorstellungsgespräch weitergegeben hast, bspw.

※ Welche Herausforderungen, Probleme oder spannenden Projekte warten auf die zukünftige Stelleninhaberin?

※ Welche Qualifikationen sind wirklich zwingend erforderlich und welche nice to have?

※ Wie groß ist das Team, wo ist Dein Team / Deine Abteilung organisatorisch aufgehängt, welchen Beitrag bringt das Team für das Unternehmen?

※ Wie führst Du und was darf das zukünftige Teammitglied von Dir erwarten?

Helfen lassen

Wie weiter vorne schon geschrieben, sind viele Führungskräfte operativ »Land unter« und haben wenig Zeit für das Recruiting. Lass Dir helfen. Delegiere das Formulieren der Stellenanzeige und erste Telefoninterviews mit Kandidat:innen an Dein Team. Oder gib Teile Deiner operativen Aufgaben zumindest für den Zeitraum des Recruitings an Dein Team ab, damit Du Dich voll auf das Recruiting konzentrieren kannst. Je konsequenter Du das durchziehst, umso schneller ist die Stelle besetzt und Dir ist geholfen.

Netzwerken

Vielleicht bist Du als Führungskraft schon ein paar Jahre in Deiner Fachdisziplin oder Branche tätig und wirst das auch in Zukunft sein. Du wirst also auch in den nächsten 10 – 20 Jahren immer in einer ähnlichen Bewerberzielgruppe nach passenden Mitarbeiter:innen suchen. Also fang heute an, Dich mit dieser Zielgruppe zu vernetzen. Gerade Business Netzwerke wie LinkedIn oder zu Teilen auch noch XING eignen sich dafür perfekt. Die Kandidatin, die heute noch zu unerfahren ist, passt in drei oder fünf Jahren auf eine Senior Position. Der Kandidat, der heute noch nicht wechselt, will es vielleicht in den nächsten paar Jahren (oder schon Monaten). Eventuell hast Du dann genau die passende Position für ihn frei.

Wenn Bewerber:innen für uns wie ein Einwegprodukt sind, das wir wegwerfen, wenn wir es heute nicht brauchen, dann verschenken wir ein großes Potenzial. Ehrlich gesagt handeln aber fast alle Unternehmen und Führungskräfte so. Sobald ein Bewerber eine Absage bekommt, ist er wie ausgelöscht für das Unternehmen, wie weggeworfen. Viele haben zwar einen Talentpool, aber der wird nicht gut genutzt. Das ist in Zeiten des Fachkräftemangels aber Wahnsinn. Erst recht in spezialisierten Funktionen.

> " Man sieht sich immer zweimal im Leben.

Was bedeutet das konkret für Dich als Führungskraft? *Verstehe jede Bewerbung als eine Investition in die Zukunft.* Du musst jemanden im Bewerbungsprozess absagen, weil er fachlich oder finanziell nicht passt oder jemand anderes noch besser war? Aber Du kannst Dir gut vorstellen, *in Zukunft mit ihm zu arbeiten? Dann geh mit diesem Bewerber freundlich auseinander – und vernetze Dich anschließend auf den Business Netzwerken mit ihm.* Sag ihm, dass es zwar jetzt gerade nicht passt, aber es vielleicht zu einem anderen Zeitpunkt, für eine andere Position passen könnte. Mach das auch mit Bewerber:innen, die Dir absagen. Nimm Absagen bitte nie persönlich, denn das sind sie in der Regel nicht.

Und dann musst Du auf den Business-Netzwerken ein wenig aktiv sein, ab und zu mal einen Post schreiben, einen Beitrag kommentieren oder teilen, damit Du bei Deinem Netzwerk sichtbar und in Erinnerung bleibst. Du kannst Business-Netzwerke auch sehr gut nutzen, um Deine fachliche Expertise oder die Deines Teams darzustellen. So werden auch Menschen auf Dich aufmerksam, die sich für Deine Themen interessieren und die Du noch nicht kennst. Wenn Du dann wieder eine Stelle zu besetzen hast, kannst Du darüber einen kleinen Post schreiben oder gezielt passende Personen aus Deinem persönlichen Netzwerk ansprechen. Oder jemand kommt proaktiv auf Dich zu, weil sie sich gerade verändern möchte und Du positiv in Erinnerung geblieben bist. Alles ist möglich.

Damit wirst Du nicht 50 Stellen im Jahr besetzen. Aber vielleicht zwei. Und das ist besser als nichts.

Gute Reise

Das waren die großen Recruitingweisheiten, die ich Dir mit auf Deine Reise zur optimalen Stellenbesetzung mitgeben kann. Viel mehr brauchst Du nicht, weniger geht allerdings gar nicht. Und ich kann Dir etwas versprechen: *Wenn Du Recruiting ernst nimmst und es professionell angehst, wenn Du die Weisheiten verinnerlichst und umsetzt – dann wirst Du erfolgreich sein* – und (wieder) Spaß am Recruiting haben. Deine Abteilung wird laufen, Dein Chef wird Dich lieben und die Personalabteilung sowieso.

Und das Wichtigste: Wie Lenni, der kluge, legendäre Lemming, hast Du die Reise angetreten, Dich fit gemacht und gewappnet und wirst die Herausforderungen meistern. In Deinem Unternehmen werden noch Generationen über Dich als Führungskraft sprechen. Und Du selbst wirst glücklich und zufrieden sein. Das ist den ganzen Aufwand doch wert.

Wenn Du Dich noch weiter in die Themen vertiefen möchten, schau gerne bei *www.recruitingweisheiten.de* vorbei. Dort findest Du die Links zu erwähnten Personen, Buchempfehlungen, Podcastfolgen und Youtube-Beiträgen.

Wir wünschen Dir viel Spaß und Erfolg auf Deiner Reise. Herzlichen Gruß,

Henrik & Lenni

Recruiting ist ein Hauptberuf,
den machen wir nicht nebenher.